［英］塔利·沙罗特（Tali Sharot） ［美］卡斯·R. 桑斯坦（Cass R. Sunstein）
—— 著 ——

贾拥民
—— 译 ——

LOOK AGAIN

Look Again: The Power of Noticing What Was Always There

屡见屡鲜

在习惯化的日常之外

中信出版集团｜北京

图书在版编目（CIP）数据

屡见屡鲜：在习惯化的日常之外 /（英）塔利·沙罗特,（美）卡斯·R. 桑斯坦著；贾拥民译 . -- 北京：中信出版社，2024.8. -- ISBN 978-7-5217-6777-3
Ⅰ . B84
中国国家版本馆 CIP 数据核字第 2024V8R859 号

Look Again: The Power of Noticing What was Always There
by Tali Sharot, Cass R. Sunstein
Copyright © 2024, Tali Sharot, Cass R. Sunstein
All rights reserved
Simplified Chinese translation copyright ©2024 by CITIC Press Corporation
ALL RIGHTS RESERVED
本书仅限中国大陆地区发行销售

屡见屡鲜：在习惯化的日常之外
著者：　　[英]塔利·沙罗特　[美]卡斯·R. 桑斯坦
译者：　　贾拥民
出版发行：中信出版集团股份有限公司
　　　　　（北京市朝阳区东三环北路 27 号嘉铭中心　邮编　100020）
承印者：　北京通州皇家印刷厂

开本：787mm×1092mm　1/16　　印张：19　　字数：203 千字
版次：2024 年 8 月第 1 版　　印次：2024 年 8 月第 1 次印刷
京权图字：01-2024-3959　　书号：ISBN 978-7-5217-6777-3
定价：69.00 元

版权所有·侵权必究
如有印刷、装订问题，本公司负责调换。
服务热线：400-600-8099
投稿邮箱：author@citicpub.com

成千上万的半兽人，最初看到时是那么不自然，那么令人厌恶，但是对我来说，他们很快就变得自然而平常了。我因此想，世间万物的色彩，或许原本都来自我们周围环境的平均色调吧。

——赫伯特·乔治·威尔斯（H. G. Wells），
《莫罗博士岛》[1]

---

[1] 赫伯特·乔治·威尔斯是英国19、20世纪之交的著名作家，尤以"科幻三部曲"闻名，它们分别是《时间机器》《星际战争》和《莫罗博士岛》。电影《冲出人魔岛》就是根据《莫罗博士岛》改编的。——译者注

目录

推荐序
这也将会过去/万维钢 VII

导言
我们为何总能习惯一切,为何不应习惯一切 001
习惯化是如何开始的,又将去往何方 006

第一部分
幸福

1
快乐:关于冰激凌、中年危机和一夫一妻制 014
每天都吃冰激凌,会更快乐吗? 018

变化使稀松平常的事物重新闪耀	021
中年危机是如何形成的	027
冰箱和手表 vs 海滩和音乐会	030
当法国的巴黎变成爱达荷州的巴黎	032
"探险家"和"猎人"	036

2

变化：幸福和意义之外的第三种选择　040

丰富多彩的人生的价值	043
变化永远不够	048
把好的细嚼慢咽，把坏的囫囵吞下	051

3

社交媒体：如何从技术导致的昏迷中醒来　056

"如鲠在喉"的洁牙器	058
如何中止坏的东西	060
被社交媒体改变的适应水平	063
戒断的陷阱	068
重要的是质量，而不是数量	073

4

韧性：健康思维的关键因素　076

过度咀嚼	079
试着从"虫子的视角"看问题	082
日本皇后与大流行后焦虑	087
一步一步来	089

第二部分
思考与信念

5

创造力：克服思维的习惯化   094
变化是怎样启动的   098
放慢习惯化   101
摆脱常规   104

6

说谎：如何保证你的孩子不会长出一个长鼻子   110
大脑对不诚实会变得习惯化   113
当情绪消退   116
"谎言政治学"   118
善意的谎言是谎言吗？   124
把说谎行为扼杀在萌芽状态   126
真与假的边界   129

7

（错误）信息：如何让人们相信（几乎）任何事情   131
越熟悉，越真实   135
越容易，越真实   139
重复、相信、传播   142

真话偏差	144
鼓励精确性	149

第三部分
健康与安全

8
风险：瑞典人的"右行交通日" 154
风险习惯化 158
旧帽子，新帽子 161
"摇晃一下" 164
模拟灾难 167
风险习惯化的光明面 172

9
环境：夏天，身在南方的你住到了养猪场边上 174
一切都是相对的 177
每天洗 0.7 个澡 181
如果青蛙还能跳，它就会跳 184
温暖还有更暖，炎热还有更热，直至燃烧 186

颤抖越来越少了 188
采用仪表飞行规则，摒弃目视飞行规则 190

第四部分
社会

10
进步：打破低预期值的枷锁 194
身披枷锁的女性 197
惊讶！ 200
低预期 202
打破枷锁 204

11
歧视："温文尔雅的犹太人"与穿迷你裙的科学家 208
"温文尔雅的犹太人" 211
设身处地的重要性 214
去习惯化先驱 218
因偏差而惊讶 221

12

暴政：毁灭性过程的渐进本质   226

逐步扩大的灾难   229

日常生活的伪装   234

每一幕都比上一幕糟糕，但只是糟糕一点点   235

习惯化有限度吗？   238

13

法律：如何给痛苦定价？   242

能力上的损害   250

14

屡见屡鲜：去习惯化的未来   252

致谢   261

注释   265

译后记   283

推荐序

这也将会过去

万维钢

很久很久以前，东方有一位君主，请求所罗门王赐予他一个座右铭。他希望这句话无论是逆境还是顺境时都能用上。所罗门给他的座右铭是：

这也将会过去（This too shall pass）。

没错，这也将会过去。成功会过去，失败也会过去。激情会过去，懊恼也会过去。顺境会过去，逆境也会过去。不管你正在经历什么，别忘了，这也将会过去。

科学研究结果支持这个道理：这也将会过去——就算那个局面还没过去，你的心态也会过去——因为你会习惯化。

沙罗特和桑斯坦的新书《屡见屡鲜》，讲的是对一种"日用而不知"的心理学现象的最新研究。这个现象就是"习惯化"。

简单说，就是对于常见的事物，你会逐渐失去反应。

咱们中国有句话叫"久居兰室不闻其香，久居鲍市不闻其臭"，就是这个意思。哪怕这里一直都有种很强烈的味道，你在这儿待久了也就闻不到了。

从微观脑科学上讲，你刚接触一个新环境，神经元会很快、很高强度地向你报告周围的信息；而你一旦待久了，即便那些信息仍然存在，神经元传递信号的频率也会减少。

一个更宏观的解释是外界的各种物理信息要变成大脑能理解的信号，需要转导蛋白形成所谓"离子通道"，而离子通道对外界刺激的响应，并不是由刺激的强度决定的，而是由刺激强度的"改变"所决定。

没有改变，你就会习惯化，你就感觉不到。

这个道理你早就明白，但是我敢说，人们普遍不知道其中动力学过程的细节，以至于会做出错误的判断。

习惯化对我们很有用，但也会让我们做出误判，从而错过改变的机会。尤其是你可能正生活在一个不好的环境之中，你习以为常，殊不知你可以改变。你需要"再看一眼"。

再好的东西，
你也会因为习惯而厌烦

我们经常听到一些八卦，比如娱乐圈里那些令人遗憾的夫妻关系。两个人都是特别好的人，长得漂亮素质也高，当初也是一对金童玉女，上演过轰轰烈烈的爱情故事，应该过得非常幸福。怎么结婚没几年，就分开了呢？

在婚姻专家眼中，这属于人之常情。普遍的规律是结婚一开始的确会让你感到很幸福，会比结婚前幸福——但这种幸福感只会持续大约两年左右。两年之后，夫妻间的亲密感和舒适感还会持续增加，但是激情和兴奋感，特别是性兴奋会减少。习惯化消灭兴奋感，审美疲劳。

婚姻不能做实验，但是科学家可以用别的实验类比。美国有个经典主食叫"奶酪通心粉"，很多人喜欢吃。实验在一周的时间内，让一群喜欢吃奶酪通心粉的人每天都吃这个，你猜发生了什么？

一开始你觉得特别好吃，但到后来，你就越来越不想吃了。你说你吃腻了，其实你是习惯了。

习惯化是演化给我们的设定。正因为这个设定，我们才能对生活保持进取心。不管你已经取得多大的成就，你都会因为习惯化而觉得不过如此，于是开始追求下一个成就。试想如果公主和王子结婚后真的"从此过上了幸福的生活"，每天看着对方傻乐，那似乎也是不对的。

这个原理能解释很多事情。举个例子，花同样一笔钱，如果是购买一段体验，比如去度假、去一个好餐馆吃顿饭、去看一场体育比赛或者听场音乐会，它带给你的幸福度会比购买一个东西要高。以前我们觉得这是现代人的新追求，但沙罗特和桑斯坦在这本书中提供了一个更深的解释。

幸福度的高低是人们事后的反应。刚刚花了钱的那一刻，其实你得到一台新冰箱和去马尔代夫度假的快乐程度是一样的。但是随着时间的推移，那个冰箱会让你习惯化。它就在你家厨房，你天天看，默默地就觉得它不过如此。而美好假期的回忆却变得越来越鲜明，根据峰终定律，你记住的都是其中的高光时刻。

这就和张爱玲的小说《红玫瑰与白玫瑰》中那段话的意思一样：

娶了红玫瑰，久而久之，红的变了墙上的一抹蚊子血，白的还是床前明月光；娶了白玫瑰，白的便是衣服上沾的一粒饭黏子，红的却是心口上一颗朱砂痣。

我们只是习惯了天天在眼前出现的那个。

快乐来自不完全的、
间歇性的欲望满足

经济学家提勃尔·西托夫斯基（Tibor Scitovsky，1910—2002）以深入研究人类幸福和消费之间的关系闻名，他有一句名言："快乐来自不完全的、间歇性的欲望满足。"

咱们先说"间歇性"满足，也就是把好的体验分成几个阶段，中间插入时间间隔，而不是一次性全部体验完。这种做法允许你在不同时间段享受相同的体验。既然持续和频繁的体验会导致习惯化，那我们就用间歇避免习惯化。

还是那个吃奶酪通心粉的实验。另一组受试者是每周只吃一次，连续吃了很多周。结果他们对这道菜的喜爱程度没有下降，每次吃仍然觉得那么好吃。

所以，良好婚姻的一个秘诀是夫妻要有适当的短暂分开。尤其是女性，如果结婚后就成了家庭主妇，每天都在家，面对同样的环境，跟同一个人大眼瞪小眼，那你家的条件再好、这个人长得再帅，你也会厌倦。而如果这个女性有工作，最好偶尔还能出差几天，那每次回家都会用新的眼光看待自己的婚姻和生活。

这也就是所谓的"小别胜新婚"。研究认为，增加配偶在彼此眼中的吸引力有两种最有效的方式，短暂分开是其中一种。

你看这个方法简单吧？但是人们往往意识不到。比如说你非常喜欢听音乐，现在要听一场音乐会，请问：你希望把音乐会一口气听完，还是希望有一段中场休息时间呢？

99%的受试者认为中场休息会让他们的体验变差。他们认为一气呵成从头听到尾才是最过瘾的。他们错了。

现场体验报告表明，有中场休息的音乐会的受试者，会愿意比没有中场休息的对照组多花一倍的钱再来听音乐会。这是因为中场休息打破了习惯化。不管你在休息时间做什么，你都能带着更新鲜的感受重新开始欣赏音乐。

而所谓"不完全"满足，指的是没有一次性彻底探索明白，这个事物仍然保留一定的神秘感和未知感。

增加配偶吸引力的另一个有效方式，是在一个陌生的场景中观察他/她。可能你这一次是从远处看，或者他/她正在与一个陌生人深入交谈。你从旁观者的角度，重新认识这个人，发现他/她身上原来还有这样的特点。

当然，再好的夫妻也不可能百分百了解对方，但是如果你想保持吸引力，就要主动增加一些神秘感。双方应该不断成长，常常有新的特点出来才好。

在一项关于游戏的实验中，研究者要求参与者每隔几分钟报告一下自己的快乐程度。结果是，最快乐的时刻并不是他们在游戏中大获全胜或者赚到最多钱的时候（那时候当然也很快乐），而是玩家正在学习游戏的玩法、探索游戏设定的时候。

对比之下，如果一下子就掌握了游戏的所有信息，很快就能完成游戏任务，人们会报告不喜欢这个游戏。

沙罗特和桑斯坦认为这在一定程度上解释了中年危机。人在年轻时不断成长，总能学习新事物，到了中年，生活变得固定，每天重复同样的模式，当然就容易产生厌倦甚至抑郁之感。

前几年流行一句话叫"小满胜万全"，认为事业不要做到顶峰，要"花未全开月未圆"才好——那其实是认知错误。当时谁知道这是圆满还是没圆满？马斯克的业务那么大，他是满了还是没满？"小满"纯属玄学。

你真正需要的不是小满，而是持续的探索和学习。

不快乐的事最好集中起来一次性做完

假如你要做个大扫除，大约需要 30 分钟，其中还包括清理马桶，你打算怎么干？调查表明，绝大多数人认为这种活儿最好在中间留出一段休息时间，但他们错了。现场实验表明，一次性把活儿干完才是最好的体验。

现实是，只有前几分钟是最难熬的，然后你就习惯了。在这种情况下，"习惯化"是你的朋友。

再假如，你对现在的生活不太满意，想换一个工作，或者干脆换一个城市生活，又或者你想结束一段关系。但是你又很担心，真到了新的环境，自己会不会不适应。

研究表明，一开始你的确可能不适应。美国的数据是，各个行业的员工入职新公司，都有 1/3 乃至 40% 的比例会在 6 个月之内离职。你到了一个新工作地点，面对新同事，接触新的企业文化，使用新的工作方法，这些确实很难适应。你会渴望回到过去。

但是，只要你能多坚持一段时间，再过几个月，你会发现当初的那些难处其实也不算什么，你习惯了。6 个月之后的离职人数总是远低于前 6 个月。

用中国的老话说，没有什么过不去的坎儿。历史经验表明，人对困难环境的适应度是非常高的。

沙罗特和桑斯坦在这本书中提到，新冠疫情期间，很多国家要求人们上班、上学都在家进行，生活方式彻底改变。从 2020 年 3 月美国实行非必要不外出开始，研究者调查发现人们的幸福感明显大幅下降，各种心理问题随之浮现。但是仅仅过了几个月，虽然生活状况没有改变，还是非必要不外出，人们的幸福感……却普遍反弹了！回到了疫情前的水平。

你被要求基本上只能待在家中，外面是疾病和死亡的威胁。可是你并不怎么难受，因为你习惯了。

我还可以再提供一条历史经验。二战期间，德国几乎每晚都对伦敦进行轰炸。伦敦每天都有人死亡，必须实行灯火管制之类的战时措施，你可能会想象伦敦人过得非常悲惨。那的确不是正常的日子，人们出门都要拿个防毒面具，而且人人都带个小小的身份牌，这样万一被炸碎了，别人好知道自己是谁。有些人认为，那时候大部分伦敦人都生活在地下掩体里。

但实际情况是，伦敦人在断壁残垣之中过着相当正常的生活。人们就在自己家床上睡，你炸就炸吧，无所谓了。人们甚至在天黑以后还照常去餐馆吃饭，而且还会去俱乐部听爵士乐。伦敦人的幸福指数，似乎并没有因为死亡的威胁而下降。

就算坏局面还没过去，你的痛苦感也会过去。

所以你不应该害怕任何局面。这个道理你早就明白，但人们总是低估它的有效性，尤其是在那个局面尚未发生的时候。

幸福不是被动发生在我们身上的东西

有研究表明，在度假旅游开始后的第 43 个小时，人的快乐感达到顶峰。那时你已经到达目的地，也安顿好了，正在积极探索，所以感觉特别快乐。之后你的快乐感会有所减少，因为你对那个地方开始习惯了……考虑到这些，如果你每年有两周的假期，你应该分成两段，去两个不同的地方旅游，中间间隔几个月，而不是一次性在一个地方待两周。这就是"去习惯化"的道理，其实也就是我经常说的"喜欢 + 熟悉 = 意外"。

我们在日常生活中与人相处也是如此。哪怕是夫妻俩，太熟了也不幸福，最好保留一点儿新鲜感。就如同纳兰性德词里说的，"人生若只如初见，何事秋风悲画扇"。如果我们每次见面都像第一次相识那样互相欣赏，该有多好。

接下来的两句是，"等闲变却故人心，却道故人心易变"。可为什么当初那种美好的感觉后来就变了呢？难道说人心就是善变的吗？

其实不是心变了，只是习惯了。去习惯化很简单，你只需要主动变一变，提供一点儿新鲜感，哪怕只是在习惯化的过程中增加一点点间隔都可以。

我认为这里有一个更重要的概念：人应该主动调控自己的幸福感。幸福不是被动发生在我们身上的东西，你可以主动寻找它。

导言

我们为何总能习惯一切，
为何不应习惯一切

习惯可能与 DNA 一样，是生命的基本特征之一。

———

文森特·加斯顿·德蒂尔
(Vincent Gaston Dethier)[1]

你一生中最美好的一天是哪一天？你可能会发现，把最美好的那一天选出来非常困难。没关系，换一个更容易的问题吧：你一生中特别美好的日子都是些什么样的日子？

有的人会回想起自己举办婚礼的那一天；有的人会说是孩子出生的那一天；有的人会说是参加大学毕业典礼的那一天；还有的人则可能给出一些奇特的答案，比如"我和我的拉布拉多犬在屋顶上跳霹雳舞的那一天"，或者"我发表关于公开演说恐惧症的演讲的那一天"。只要是真正美好的一天，就是正确的答案。

接下来，试着在你的脑海中重温那一天。你穿着一件黄色的泳衣，在沙滩上快乐地奔跑着，阳光是那么暖，天空是那么蓝。或者，天已经黑了，雪一直在下，虽然你的鼻子都被冻红了，但是你刚刚坠入爱河，只觉得浑身都很温暖。不管那一天究竟发生了什么，它都能给你带来快乐。现在，再一次在脑海中重温那一天。再重温一遍。然后再来一遍。如果你让自己陷入重温"我生命中最美好的一天"的循环，又会发生什么？

将会发生的是，你一生中"最美好的一天"变得不那么令人兴奋、不那么令人快乐、不那么有趣、不那么有意义了。是的，你生命中"最美好的一天"很快就变得乏味起来。太阳不那么温暖了，雪花不那么令你惊喜了，你的爱情不那么完美了，你的成就不那么伟大了，你的导师也不那么充满智慧了。

在星期一激动人心的一个事物，到了星期五就变得平淡无奇了。这是因为，我们对一切都变得习惯了，即习惯化（habituate）了。"习惯化"意味着我们对重复刺激的反应越来越小。[2] 这是人类的天性。即便是那些你曾经觉得非常令人振奋的事物（例如，一段关系、一份工作、一首歌、一件艺术品），也会在一段时间后失去光彩。有研究表明，到热带旅游胜地度假的人，在抵达后43小时内就开始对热带的魔力"习以为常"了。[3]

但是，如果你能对那些你不再有感觉或者不再注意的事物恢复惊奇感，又会怎么样呢？或者说，如果你能在某种程度上再次变得不习惯，即实现去习惯化（dishabituate），又将如何？

这就是本书的意义所在。在本书中，我们提出了这样一些问题：如果人们在办公室、卧室、运动场等场合克服了"习惯"，将会发生什么？这对人们的幸福、人际关系、工作、社会联系又有什么影响？要想重新变得"不习惯"，你需要做些什么、怎么去做？我们将会看到，暂时改变你所处的环境、改变规则、换一下与你互动的人，以及偷得浮生半日闲（摆脱日常生活，小小地休息一下，无论是真实的，还是想象中的），都可以帮助你重新获得敏感性，帮助你注意到你平时几乎看不到的东西。

我们在本书中要关注的，不仅仅是你如何才能让自己对那些最好的事物重新变得"不习惯"，比如一份了不起的工作，或者绝佳的家庭、邻里或人际关系。我们还将探讨，你如何才能让自己对各种各样不好的事情"不习惯"。读到这里，你可能会认为这是一个可怕的想法。是啊，在重复经历不好的事情时，为什么要让自己每一次都像第一次经历那样充满新鲜感呢？如果我们让你一遍又一遍地重复你生命中最糟糕的一天，你肯定希望自己拥有一个能够很快就对这一切习惯起来的大脑。是的，你会希望痛苦或哀伤随着时间的推移而减弱，那无疑相当于一种祝福。

这种愿望很合理。但是，这也恰恰是问题所在。当我们习惯于各种不好的事物时，我们就会变得没有动力去争取改变。倘若星期二令你做噩梦的东西，到了星期天就能让你拥抱着它酣然入睡，那么我们与愚蠢、残忍、痛苦、浪费、腐败、歧视、谎言和暴政的斗争，都会面临严峻挑战。对不好的事物的"习惯"，会导致我们承担过大的财务风险，会使我们无法注意到我们的孩子逐渐出现的、本应引起密切关注的行为变化，也会让我们的浪漫关系中的细微裂缝变得越来越大，还会让我们不再觉得工作中的愚蠢、无能或低效是令人困扰的问题……

因此，我们在本书中将讨论当你不仅习惯于好的事物，而且习惯于坏的事物时将会发生什么，同时还将探索你要怎样做才能解除对它们的习惯。我们将从讨论瑞典的一个例子入手。在瑞典，交通规则从靠左行驶到靠右行驶的改变，导致汽车交通事故在短期内减少了大约40%，这显然可以部分归因于"风险去习惯化"（risk dishabituation）。⁴ 我们还将看到，清洁空气室如何帮助人们注意到（并因此关心）污染问题，站在他人的立场上看问题又如何帮助我们克服对歧视的习以为常。⁵ 我们也会看到，暂时脱离社交媒体如何帮助你重新欣赏生活中的精彩和喜乐。⁶ 我们还将探讨为什么重新看待某些事物，或从"另一面"去看待它们，能够带来令人惊喜的创新。

但是，在深入研究这一切之前，我们必须先分析一下，为什么我们总是会如此迅速地习惯一切。（是的，正如你马上就会看到的，我们能习惯几乎所有事情，而且几乎在所有时候都如此。）为此，我们需要思考的是，为什么人类会演化出这样一个大脑：天生就想得到各种东西（比如一辆豪车、一幢大房子、一个深爱的配偶、一份高薪的工作等等），而一旦得到，很快就会开始忽略这些东西。我们将要追问，为什么虽然人类是最复杂的生物，却能够相对较快地接受各种变成了"常态"的可怕事物，例如残忍、腐败和歧视等等。为了解开这些谜团，我们需要将来自心理学、神经科学、经济学和哲学的思想和成果结合起来——其中一些来自我们自己的研究，还有一些则来自其他学者的研究。

为什么我们很快就会习惯？答案当然不是因为我们人类是一种软弱的、"忘恩负义"的、惯于在压力下随波逐流的、不能理解威胁和奇迹的生物。事实上，答案与我们这些有两条腿的大头生物和地球上所有其他生物（包括猿、狗、鸟、青蛙、鱼、老鼠，甚至细菌）共有的一个基本特征有关。

习惯化是如何开始的，
又将去往何方

早在30多亿年前，你的祖先就已经出现在地球上了。[7]只不过，你真正看到它们时，可能不会意识到这一点，因为你们之间的相似之处实在太不明显了。它们的体形要小得多，也谈不上受过什么教化。然而幸运的是，它们已经演化得足够老练，因而能够在恶劣的条件下生存下来。它们没有腿，但是为了找到营养丰富的环境，它们学会了游泳和翻滚。而且，即便是这种原始的行为，也已经表现出了习惯化的特征：当环境中的营养水平处于恒定状态时，你的祖先会以一个恒定的速度翻滚，就像它们使用了某种自动驾驶仪一样。只有当营养水平发生变化时，它们翻滚的频率才会变得不同。[8]

那么，这些早期的生物是什么呢？它们是单细胞细菌。顾名思义，它们只由一个细胞构成。相比之下，你的身体里有37.2万亿个细胞。[9]这些细胞之间的互动和合作，使得你不仅能游泳和翻滚，还能跑、跳、笑、唱和喊。但是，即便是单个细胞的行为，也可以通过抑制其自身的反应来实现习惯化。

在地球上出现单细胞生物很多年之后，简单的多细胞生物出现了。这些生物体拥有许多可以相互"交谈"的神经元，而且这些神经元之间展开"对话"的可能性会随着时间的推移而变化。在一个神经元向另一个神经元发送初始信息之后——例如，也许某个感觉神经元向一个运动神经元传递了关于臭味的信息——它通常就会降低接下来继续发送信号的频率（即便那种气味仍然存在）。[10] 因此，相应的行为反应，如以离开那种气味为目标的运动，也会减少。

这样的过程也发生在人类大脑中。这就是你在烟雾弥漫的房间里待几分钟后就不再注意到二手烟味的原因之一，也是你可能会惊讶地发现自己已经习惯了最初让你非常恼火的背景噪声的原因之一。

这是一个基本原理。为了证明它，让我们先回到1804年的奥地利维也纳。24岁的瑞士医生伊格纳茨·保罗·维塔尔·特罗克斯勒（Ignaz Paul Vital Troxler）在研究视力时获得了一个惊人的发现。他注意到，如果近距离、长时间地盯着一个图像看，它似乎就会消失。[11] 你也可以马上尝试一下。在本书的前勒口，你可以找到一个圆形图像，外面是一个绿色的环，中心有一个黑点。用你的眼睛紧紧盯着那个黑点，保持大约30秒，然后你会发现绿环很快就会消失，变成了一片"虚无"。

之所以会发生这种情况，是因为你的大脑停止对不变的事物做出反应了。* 一旦你开始移动眼睛，你就会立即恢复对颜色的感知，再次看到它们。因此，只要移动一下眼睛，你就能够改变你的大脑接收到的输入信号。当然，你的大脑停止注意到的绝不仅仅是这个绿环。随着时间的推移，你不再感觉到脚上穿了袜

---

* 在这种情况下，你的光感受器也有可能会停止对图像做出反应。

子，也不再听到空调持续发出的嗡嗡声。[12]（也许，你现在已经没有注意到某些背景噪声了。）

你也会习惯于其他更加复杂的环境因素（如财富、贫困、权力、风险、婚姻和歧视），而且这种习惯化全都涉及不同神经之间的主动抑制。[13]例如，请想象一下，你的邻居惠勒女士最近养了一只狗，名叫芬利，是一只德国牧羊犬。芬利一看到外人就会狂吠。起初，它的狂吠声会令你很吃惊，你能够注意到它的每一声狂吠。但是一段时间之后，你的大脑就会创建一个关于这种情况的内部"模型"（"每当我经过惠勒女士的房子时，芬利都会狂吠"）。[14]这样，你可以预料到自己什么时候会听到它的吠叫声。当你真的体验到它（"芬利狂吠"）时，你的大脑会将这种体验与这个模型（"每当我经过惠勒女士的房子时，芬利都会狂吠"）进行比较。如果体验与模型相匹配，你的反应（神经、情绪、行为）就会被抑制。

随着你对芬利狂吠声的体验次数不断增多，你的内部模型变得越来越精确，它与你听到芬利狂吠的实际体验的匹配也越来越好。匹配越精确，你的反应就越被抑制。但是，如果匹配得不好（例如，芬利狂吠的声音变得更响亮、更柔和或更愤怒，或者它直接跳过围栏朝你的方向跑过来），你会感到惊讶，你的反应也就不会那么被抑制。

接下来，让我们自己来试一试。请看下面的照片。

估计你与大多数人一样,一开始可能会被这张照片吓到。在看到它的前几秒钟内,你可能会感到不安、厌恶,甚至害怕。但是,只要照片中的这只狗不会真的从书中跳出来,不会用它锋利的牙齿咬你光滑的脖子,你的大脑对它张开的大嘴、尖利的牙齿和愤怒的眼神的反应就会越来越小。[15] 因此,你那种不安的感觉最终会消失。这就是说,你已经习惯它了。(如果你遇到了一个外表非常不同寻常的人,也会出现类似的情况。一开始,你会很关注他,也许会全神贯注地观察他的一举一动;但是一段时间之后,你可能就会惊讶地发现自己几乎完全不再关注他了。)

你的大脑进化出了很多不同的机制,既包括只涉及单个细胞的机制,也包括涉及更复杂的神经系统的机制,但是它们似乎全都遵循着同一个根本原则。这个原则的表述很简单:当一些令人惊讶或意外的事情发生时,你的大脑会做出强烈的反应;但是,当一切都可以预测的时候,你的大脑反应就会比较小,有时甚至根本没有反应。就像各种日报的头版一样，你的大脑关心的是最近发生了什么变化，而不是什么都保持不变。这是因为，为了生存，你的大脑必须优先考虑新的和不同的东西：突然闻到的烟味、一只冲你跑过来的贪婪的狮子，或者一位刚刚走过你身边的很有吸引力的潜在伴侣……为了让新奇的、意想不到的东西突显出来，你的大脑会过滤掉老旧的和意料之内的东西。

在接下来的各章中，我们将会了解到，怎样运用关于"大脑如何工作"的知识来帮助你找到一些方法，一方面让那些你已经习惯了的美好的事物重新浮出水面，从而使你日常生活中的非凡特征"再度闪耀起来"；另一方面促使你关注那些你不再注意的不好的事物并寻求改变，包括你自己的坏习惯。我们将会考虑健康、安全和环境等方面的问题，探索如何重新思考你已经习惯了的严重风险。我们将阐明，意识到你的大脑对重复刺激的反应较小，会帮助你在面对来自他人的重复错误信息时保持更好的弹性，并帮助你解决社交媒体带来的势将长期存在的压力和分心问题。我们还将阐述如何利用习惯化和去习惯化的思想为商业企业提供帮助，特别是在保持员工的积极性和提高客户的参与度等方面。我们还将探析，人们是如何变得对性别歧视和种族歧视见怪不怪的，并讨论"去习惯化先驱"（即那些对规范提出挑战的反叛者）为什么能够脱颖而出。

无论怎么说，习惯化对我们人类的生存都是至关重要的，它能够帮助我们快速适应环境。当人们无法实现习惯化时（这有各种各样的表现，例如身体上的疼痛），这种无力感会造成巨大的痛苦。有些人确实可能比其他人更不容易实现习惯化。我们还将看到，习惯化如果过于迟缓，可能会导致一系列心理健康问题，但它也可能会使我们拥有创造性的洞察力和非凡的创新力（例如在商业、体育和艺术等领域）。

我们希望，本书能帮助你关闭大脑中的灰色标尺，重新看到缤纷色彩。

LOOK AGAIN LOOK AGAIN

第一部分

幸福

1
快乐：

关于冰激凌、中年危机和一夫一妻制

如果我在过去的 18 年里每天都在这里做着同一件事，那么这件事哪怕拥有再多的"精灵之尘"（pixie dust），也会令人觉得毫无神奇之处。但是我离开了家，我非常想念它。当我回到家的时候，它就显得熠熠生辉了。

朱莉娅·罗伯茨[1]

请大家先来见一见朱莉娅和蕾切尔。这是两个拥有"美丽人生"的女子,过着许多人眼中"有神灵庇佑"的生活。她们都已经50多岁了。朱莉娅住在新墨西哥州,蕾切尔住在亚利桑那州。这两个女人都有相爱的伴侣。朱莉娅有三个可爱的孩子——两个儿子和一个女儿。蕾切尔有两个女儿。她们都有自己擅长且令人满意的工作,也因此变得很富有。当然,她们也都很健康,而且体形保持得非常好。很多人都说,她们肯定得到了上帝的祝福。

但是,她们两人的相似之处也就只有这些了。虽然在很多方面,这两位女士的生活都像中了人生的彩票一样令人艳羡,但是她们的主观体验却截然不同。在大多数日子里,朱莉娅对自己的好运充满了惊讶,而蕾切尔却对自己童话般的生活视而不见。

朱莉娅对生活中大大小小的奇迹满怀敬畏之情。她说她过着"幸福的生活"。当被问及理想的一天是什么样子时,她是这样回答的:"家里人都和睦相处,就令我觉得非常幸福了。我起床做好早餐,送小朋友去上学,然后和我丈夫一起去冒点儿险。我们可能骑一会儿自行车,或者在某个地方喝杯咖啡或吃顿饭。接下来就是我自己的时间了。不过,很快就到下午3点了,于是我去学校接孩子们回家。再然后,我们一起练习曲棍球。练习结束后,我就开始做晚饭。"[2]

与朱莉娅不同,蕾切尔用另一个词来形容这样的日子:"无聊!"当然,她也意识到了,她是幸运的,拥有家庭、财富、健康和朋友。她并不觉得悲伤或沮丧,但是她也不觉得自己的日常生活是"快乐的"。用她自己的话来说:"我的生活还算过得去吧……"

那么,把朱莉娅和蕾切尔区别开来的关键因素是什么?不是某种人格特质或基因,也不是她们与家人和朋友的关系的质量。事实上,她们之间的差异虽小,但意义重大。朱莉娅经常出差,她会离开家几天,或者几个星期,然后回家。她说:"我离开了家,我非常想念它。当我回到家的时候,它就显得熠熠生辉了。"正是离开,让她专注于"生活细节的乐趣"。她说:"如果我在过去的18年里每天都在这里做着同一件事,那么这件事哪怕拥有再多的'精灵之尘',也会令人觉得毫无神奇之处。"[3]

相比之下,蕾切尔没有机会跳开日常生活去好好休息一下,因此她也没有机会意识到覆盖在她的世界上的"精灵之尘"。她无法体验没有丈夫、孩子和舒适家庭的生活。这些事物就在那里,每天都出现在她面前。结果,它们反而被蒙上了厚厚的灰尘，失去了光彩。

现在，我们要告诉大家一个秘密：你可能以前就听说过朱莉娅。事实上，你也许曾经在客厅里穿着睡衣、吃着爆米花，看朱莉娅主演的电影。朱莉娅就是著名女演员朱莉娅·罗伯茨（而且，上面引用的那些话确实都是她亲口说的）。我们知道你可能有点儿不以为然，你可能会想："当然啦，朱莉娅·罗伯茨肯定是快乐和感恩的，还有谁能比她更有福气呢！"然而，在我们这个例子中，尽管朱莉娅的优越生活确实是不同寻常的，但是她对自己的生活的观察却很好地揭示了普通人的经历。因而我们认为，她的观察可能会帮助我们了解到，我们所有人如何让自己的生活产生火花。

还有蕾切尔。虽然你以前没有听说过蕾切尔（她是我们的一位熟人，我们隐去了她的身份信息），但是你可能认识一个像她这样的人。在许多方面，蕾切尔代表了许多人的生活现实，她的经历反映了许多人的日常经历。我们可能没有蕾切尔所拥有的那些东西，但是我们每个人的生活中确实都有一些值得珍惜的东西（也许是一个充满爱的家庭，也许是好朋友，也许是一份有趣的工作，也许是一种才能），而且我们往往不太关注这些东西，至少不是每时每刻或日复一日地注意到它们。

这些东西，在别人看来也许是不可思议的，又或者曾经让我们自己也觉得不可思议，然而现在已经变成了生活的一部分。我们对它们已经习惯了。例如，研究表明，结婚后，人们称自己相对来说更快乐了。然而，在这种快乐的蜜月期过了大约两年之后，幸福感往往就会下降到婚前水平。[4]

因此，我们要努力去理解，为什么像蕾切尔这样的人无法再次注意到并欣赏生活中的美好事物，然后在此基础上探讨蕾切尔（以及我们）应该如何采用朱莉娅的视角。当然，毫无疑问，这不需要我们先成为拥有迷人笑容的好莱坞明星。

每天都吃冰激凌，会更快乐吗？

最近在加利福尼亚的一次登山旅行中，塔利和她年仅9岁的女儿利维娅偶然发现了一座坐落在悬崖上的华丽豪宅，它俯瞰大海，气势万千。读者可以想象一下格蕾丝·凯利（Grace Kelly）饰演的那个电影角色发现的那些令人屏息惊叹的欧洲豪宅（朱莉娅·罗伯茨现在可能就住在那里）。喘过气来后，塔利问女儿是否愿意住在这样一座豪宅里。

"不！我不愿意。"利维娅说。

"为什么？"塔利问她。

"嗯，这样说吧。每一次，当别人请我吃冰激凌或送我一个玩具时，我都会觉得受到了款待，因此我会非常高兴，也会心怀感激。但是如果你特别特别有钱，每天都能得到冰激凌和玩具，那么你就不会感激了,因为你每天都能得到。它不再是一种享受,你也不会感激。"

利维娅说到了点子上。她的观点很好理解,也是许多更成熟的思想家所赞同的。例如,经济学家提勃尔·西托夫斯基就说过,快乐来自不完全的、间歇性的欲望满足。[5]这句话值得重复说一遍——快乐来自不完全的、间歇性的欲望满足。这就意味着,对于生活中的任何美好事物(无论是美味的食物、美妙的性爱、昂贵的汽车,还是其他你想要的东西),如果你只是偶尔得到,它们都会带给你喜乐。但是,一旦这些经历变得频繁起来(也许每天都会经历),那么它们就不能产生真正的快乐了。相反,它们只会带来某种舒适感。西托夫斯基认为,财富尤其能把兴奋变成美好却无聊的舒适。

我们认为,西托夫斯基的看法总体上是正确的,但是他有一点说得不太准确,这种转变与财富的关系其实不太紧密。你不需要很有钱,就能把断断续续的快乐变成平凡的舒适。想想奶酪通心粉吧。许多人(包括利维娅)都很喜欢奶酪通心粉,它在有些地方被认为是一种基本的食物。也许你也喜欢这种充满奶酪味的、黏稠的意大利面。但是,如果你每天都吃它,又会发生什么?

答案我们已经知道了。事实上,为了找出这个问题的答案,有一组研究人员专门进行了一项随机对照研究。[6]研究人员招募了一群志愿者,并将他们随机地分为两组。一组志愿者连续一个星期每天都吃奶酪通心粉。在那个星期刚开始的时候,这一组志愿者都很喜欢这种食物，但是随着时间的推移，他们发现奶酪通心粉变得越来越不讨人喜欢了。原因很简单，他们对这种食物习惯了。几乎任何刺激，无论是好是坏，无论是鸟语花香的公园还是人行道上散发着恶臭的垃圾，只要一次又一次近距离地经历，最终都只能引起较少的情绪反应。

另一组志愿者则每个星期只吃一次奶酪通心粉，持续五个星期。第一个星期，他们很喜欢这种食物；第二个星期，他们还是很喜欢；第三个星期，他们仍然很喜欢……当然，读者应该很清楚这是怎么回事了。他们对奶酪通心粉的喜爱程度一直没有下降，因为快乐来自不完全的、间歇性的欲望满足。

你可能会为那些每天都必须吃奶酪通心粉的志愿者感到难过。完全不需要。随着时间的推移，那些每天吃奶酪通心粉的人吃得更少了，这使得他们更容易保持身材。而那些每个星期只吃一次奶酪通心粉的人仍然每次都吃同样多的分量，因此长胖了不少，有些人甚至胖得连裤子都扣不上了。*

---

* 虽然一遍又一遍地体验同样的事情通常会减少我们从体验中获得的快乐，但是一定的熟悉感也有可能增进快乐。以纯粹接触效应（mere exposure effect）这种心理现象为例：我们人类有一个倾向，即仅仅因为熟悉某种事物（如艺术、音乐、某人的面孔等）就产生对它的偏好。因此，重复体验最初可能会增加快乐，最终则会因习惯化而减少快乐。[7]

变化使稀松平常的事物重新闪耀

朱莉娅就是断断续续地吃"奶酪通心粉"的。一旦完成习惯化,她可能就会停吃"奶酪通心粉"而改吃"土豆牛排"一段时间了。这样几个星期之后,当她重新回来吃"奶酪通心粉"时,这种食物会再次让她感到"神圣"和快乐。而蕾切尔却几十年来每天都吃"奶酪通心粉"。她还记得吃下第一口"奶酪通心粉"时的兴奋——在自己的新家的第一个晚上,在那令人难以置信的工作的头几个星期,在她第一次亲吻她的配偶时。但是,随着新鲜感的消退,快乐也随之消逝了。

蕾切尔的遭遇让我们想起了一部古老的电视剧《阴阳魔界》(The Twilight Zone)中一个名叫亨利·弗朗西斯·瓦伦丁的悲剧角色。这部电视剧有一集名叫《值得参观的好地方》,讲述了这样一个故事。罪犯亨利在一次抢劫中被警察开枪打死。醒过来后,亨利发现自己面前出现了一个非常友好的守护天使皮普。皮普告诉亨利,他已经死了。亨利吓了一跳,但是他很快就了解到,皮普可以给他任何他想要的东西:金钱、赌场上的胜利、美女,以及任何其他东西。"我一定是到了天堂。"亨利这样想。

一开始,这是相当令人兴奋的。但是几个星期以后,亨利就开始因为无聊而逐渐失去了理智。很显然,金钱、香槟和跑车虽然好,但是你如果能在一天中的任何时间都持续拥有它们,就不会那么愉快了。亨利再也无法忍受了,他恳求皮普把他转送到"另一个地方"去——你知道的，那个有熊熊燃烧的火焰的地方（即他所想象的地狱）。然而，皮普却冷冷地说："是什么让你觉得自己是在天堂，瓦伦丁先生？这里就是你所说的'另一个地方'！"

蕾切尔当然不至于把天堂和地狱搞混。但是，对于自己从"快乐天堂"跌落地底的遭遇，她应该不会感到惊奇，因为她已经习惯化了。当我们说"她已经习惯化了"时，我们的意思是，她很少注意到生活中那些可爱的东西了（干净的厨房、精美的艺术品、碧玉妆成的树），她对它们的反应变得更少了，也不那么欣赏它们了。为了再次感受到快乐，她可能需要先完成去习惯化。为了对某样东西（某种食物、深爱的配偶、一份好工作、温暖的阳光、蔚蓝的海洋）去习惯化，我们需要远离它一段时间，这样它的美好才会再次闪耀，令我们惊喜。

即便是很短时间的中断，也能引发去习惯化并带来快乐。例如，你是更喜欢从头到尾听一首曲子，还是更喜欢在听音乐的过程中被打断？我们猜你可能更喜欢不受干扰地听完一首曲子。当被问及这个问题时，大多数人都会这么回答。但是，如果你的目标是最大化你的享受，那么你这个选择就很可能是错误的。

在一项研究中[8]，志愿者被分成两组，一组连续地听一首令人愉快的曲子，另一组间断地听同一首曲子，然后对他们的享受程度进行评分。99%的志愿者预测中断会使他们的体验更糟，然而实际结果恰恰相反！人们更喜欢听有中断的音乐。与那些不间断地听音乐的人相比，他们更愿意花两倍的钱去听音乐会。

中断能够减少人们习惯于美好事物的倾向，因此乐曲带来的喜悦在有中断时持续的时间更长。令人惊讶的是，不管人们在中断期间做什么，结果都是如此。在一项实验中，志愿者被分成三组：一组什么都不做，另一组要听恼人的噪声，第三组则听另一首乐曲。在这三组中，中断都增加了志愿者对原来的乐曲的享受程度。

从这些例子来看，大多数人似乎都低估了习惯化的力量，并且未能意识到将好的体验分成几部分来享受的好处。因此，你可能会选择一次性地完整享受一段美好的经历（例如听音乐、按摩、看电影、度假），而不是通过人为的中断让你更好地享受这段经历（详见下一章）。

这就是说，蕾切尔也许不能像朱莉娅·罗伯茨那样坐飞机出去休息几天或几个星期，但即便只是中断一个晚上或一个周末，也会引发去习惯化。离开的时间，无论多么短暂，都足以让蕾切尔用全新的眼光看待她的生活，即打破她的固化的现实。但是，如果蕾切尔哪怕连周末离开家一下都做不到，又该怎么办？也许，她能在原地改变环境？例如，就在撰写本书期间，塔利感染了新冠病毒（她的症状很轻微），于是她主动将自己隔离到了家中地下室的客房里。这时她惊讶地发现，住在地下室里感觉有点儿像一次冒险。在结束隔离之后，塔利回到了一楼与家人生活在一起，于是她发现，家庭生活——用朱莉娅的话来说——似乎又被重新撒上了一把"精灵之尘"。

要实现去习惯化，你其实并不需要把你家的地下室作为一个临时的度假胜地——你完全可以发挥你的想象力。劳里·桑托斯（Laurie Santos）被许多人称为"耶鲁大学的幸福教授"，他的建议是，你只需要利用你的大脑，就可以改变你的环境。[9]闭上眼睛，想象你的生活中没有家、没有工作、没有家人，然后再用色彩和细节创建各种生动的图像。这种想象中的经历不仅很可怕，而且会让大多数人为自己已经拥有的东西感到幸运。

这有点儿像做了一场失去亲人的噩梦。当你醒来，发现一切都是一场梦，而梦中失去的那个人就在你身边时，你会特别感恩。在做噩梦之前，你很可能知道自己拥有一些美好的事物，但是在你从噩梦中醒来之后，你会更真实地感觉到它。

即便你已经对某些好的事物习惯化了，你可能仍然知道它是了不起的。例如，如果你足够幸运地找到了一份理想的工作，那么当你走进办公室时，你可能不会觉得每天都值得喊一声"哇！"，但是你心中知道这是一份很好的工作。这是因为，你对"什么东西好"的明确评价不会像你的感觉那样么快地习惯化。

在以色列海法大学阿萨夫·克朗（Assaf Kron）实验室进行的一项研究中[10]，研究人员向一组志愿者展示了一系列令人愉快的照片，比如可爱的小狗或充满灵气的婴儿。每张照片都会一遍又一遍地重复展示，总共达16次之多。当志愿者观看这些照片时，研究人员用肌电图仪测量了他们的面部运动。肌电图仪可以记录骨骼肌产生的电活动信号。当你感到快乐时，颧肌（这块肌肉从你的颧骨一直延伸到嘴角）就会运动起来，让你微笑。

在实验中,当志愿者第一次看到那些可爱的照片时,他们的颧肌被大大地激活了,同时他们报告说感到很高兴。然而,随着时间的推移,他们变得习惯化了——他们报告说,每次重复看到小狗或婴儿的照片时,他们感到的快乐越来越少,同时他们的颧肌的运动也越来越少(实验中还包括一个控制组,以表明这不是因为肌肉疲劳所致)。不过,志愿者们仍然认为这些照片非常棒。关键是,虽然他们知道这些照片很可爱,但是它们不能继续带来快乐了。是的,我们在理性上的赞赏,是可以与我们在情感上的感受分离开来的。

"感受"和"知道"之间的这种分离是有道理的,这一点只要考虑以下事实就很明显:"感受"是一种古老的进化反应,是人类与其他处于进化阶梯更低位置的动物所共享的;而"知道"则可以被视为一种新得多、在某些方面更加明显属于人类的能力。"感受"和"知道"分别依赖于大脑系统的不同部分。"老的"情感反应习惯化得非常快,而"新的"智力反应往往持续不会习惯化。

为什么情感反应会很快习惯化呢?为什么我们的大脑会进化得只能从持续或重复的美好体验中获得越来越少的快乐?如果你一直都能像刚开始时那样对你的工作、房子、配偶感到惊奇,那不是很好吗?

也许是这样,也许不是。对好的事物的习惯化,能够驱使你不断前进、不断进步。如果你不能完成习惯化,那么你就会满足于"更少",比如,你可能在得到一份入门级工作很多年后,仍然对这份工作感到满意。乍一看,"满足于更少"似乎也是可取的,但是这意味着你学习、研究和做出改变的动力将会大幅降低。如果没有情感上的习惯化,我们人类很可能不会出现技术创新和伟大的艺术作品,因为人们可能根本不存在创造它们的动机。

因此,这里必须达到一个微妙的平衡。习惯化会导致我们不满足、无聊、不安和贪婪。但是,如果不存在习惯化(还可以说,如果从来没有无聊、不安和贪婪),我们直到今天可能仍然是穴居人。

人类现在之所以没有继续待在寒冷黑暗的洞穴里,有一个原因是,进步会使我们快乐。快乐往往来自感知到自己在前进、在改变、在学习、在进化。不妨看一下巴斯蒂恩·布莱恩(Bastien Blain)和罗布·拉特利奇(Robb Rutledge)这两位神经科学家在伦敦进行的一项研究[11],他们让志愿者每隔几分钟报告一次玩新游戏时的感受。他们发现,志愿者最快乐的不是在游戏中获得最多金钱奖励的时候(尽管这确实也能让志愿者感到快乐),而是在刚刚开始了解游戏的时候。学习比金钱对幸福的贡献更大。你可能很快习惯一些东西,例如一辆豪车、一台大屏幕电视,但是你不会习惯学习的乐趣,因为学习的定义就是改变。任何人都不能习惯改变。

在奥斯卡·王尔德的喜剧《不可儿戏》中,欧内斯特·沃辛告诉他的爱人格温德琳·费尔法克斯,她是完美无瑕的。格温德琳却回答说:"哦!那不是我所希望的。因为完美就等于说我没有任何发展空间了,我还打算在许多方面发展呢。"[12]

格温德琳并不是唯一这样想的人。正如《阴阳魔界》中的亨利·弗朗西斯·瓦伦丁在自己的经历中了解到的,"完美"并不是人们喜欢的状态。在一项研究中[13],普林斯顿大学的安德拉·贾娜(Andra Geana)和她的同事们要求志愿者玩一个电脑游戏,在这个游戏中,玩家可以掌握完美表现所需要的所有必要信息。结果表明,人们一点儿也不喜欢这个游戏。他们很快就厌倦了。("这里就是'另一个地方'!")于是贾娜让他们玩另一个游戏。在这个新游戏中,玩家需要自己去获得怎样才能表现出色的信息,也就是说,他们必须边玩边学习。志愿者对这个新游戏的投入程度要高得多。他们有了更多的乐趣,尽管如果他们渴望表现完美,他们就必须努力"工作"。

然后,贾娜再让这些玩家从一款游戏切换到另一款游戏。结果发现,他们更有可能从有完美知识的游戏转向需要学习、充满不确定性的游戏,而且不会再转回到有完美知识的游戏。是的,当我们不能学习时,我们会感到无聊和不快乐。

中年危机是如何形成的

当变化不再发生时,即当你停止学习和进步时,抑郁就会乘虚而入。我们认为这是可怕的"中年危机"的核心成因之一。当你听到"中年危机"一词时，你的脑海中可能会浮现出一个50多岁的秃顶男人开着一辆红色跑车的画面。但是现实却与这个画面大相径庭。人们在四五十岁时会经历幸福感下降，这种情况既发生在男性身上，也发生在女性身上，而且在不同国家、不同职业、不同生活环境中都存在。现在，至少已经在70个国家发现了中年人幸福感下降的现象（这是对每个国家数千人进行调查后得到的结果）。[14]

不过，幸福感跌入谷底的确切年龄在不同国家之间确实略有不同。例如，在美国、英国、加拿大和瑞典，许多人40多岁就深陷"中年危机"；在印度、法国、德国和阿根廷，则是50多岁；而在希腊、秘鲁和奥地利要更晚一些，人们在60岁出头时才会如此。（俄罗斯、克罗地亚、波兰和波黑是例外，在这些国家，人们的幸福感直到七八十岁时才会降到最低点。）

在步入中年之前，许多人可能会觉得自己一直在学习和进步，无论是在专业上还是在其他方面——学习如何成为护士、厨师、职员、教师、医生、律师、社会活动家、肚皮舞演员、糕点师……以及学习如何成为他人的朋友、爱人的配偶和子女的父母。当你只有19岁的时候，任何事情都有可能发生：你可能会在今天或明天坠入爱河，你可能会学到一些能让你的生活天翻地覆的东西。但是到了中年，很多人都觉得自己被困住了。他们逐渐感觉到，一切都已经稳定下来，而且会在很长一段时间内保持这种状态。

稳定本身不是坏事,而且稳定的生活在传统意义上可能就是"好"的生活。但是变化更少、学习更少,意味着未知或不可预测的事情也更少。人的一生中可能会遇到一些"大事",然而许多"大事"其实只是他们已经习惯化了的"常数"。

但是请不必过分担心,不幸福感不会永远存在。在进入人生的下一个阶段后,幸福感又会出现一个转机。在不少人的心目中,一直有一个"暴脾气老头子"的形象,但是数据并不支持这种看法。这似乎有些令人惊讶,但是幸福感在中年结束后会上升,并一直持续到生命的最后几年。[15] 为什么会有这种转折?也许是因为,在度过中年阶段之后(50多岁或60岁出头),变化又开始发生了——孩子们已经离开家,新的"人生冒险"迫在眉睫;许多人都退休了,需要参加新的活动、寻找新的视角。当然,这只是一个猜测,但是进入老年后,人们确实需要调整自己的生活,学习如何在新环境下成为一个不同的人,从而让自己从习惯化的状态进入学习和去习惯化的状态。

相比之下,中年生活的"一成不变"却会持续很长时间,让人们失去动力。一个证据是,中年人的自杀率(尤其是男性自杀率)在40多岁时相对较高。[16] 尽管自杀的原因复杂多样,但是缺乏变化、不再学习以及似乎永远停滞不前的感觉,可能是导致自杀率上升的重要原因。

冰箱和手表 vs 海滩和音乐会

为了对抗中年生活的波澜不惊，一些人可能会尝试诱导改变。彼得买了一辆摩托车，杰奎琳从一个地方搬到另一个地方，克洛换了工作，穆罕默德学会了园艺，薇奥拉去了中国，托马斯在当地的大学进修了创意写作课程。谁能最成功地将快乐注入他们的生活？

大量的研究表明，新的经历（度假、在餐馆就餐、参与体育赛事、听音乐会、进修课程、学习某项新技能），往往比新的财物（汽车、房子、平板电脑、衣服、家具、电视、洗碗机）更能带来快乐。你可能已经听说过这个著名的发现[17]，但你可能并不清楚为什么经历（通常而言）比财物更能让你快乐。

现在请回忆一下你最近购买的一件物品（一部新的笔记本电脑？一辆新自行车？一台新冰箱？）。很好，接下来再回忆一下你最近一次的消费经历（去伦敦旅行？在牛排馆吃了一顿美餐？买门票看了一场足球比赛？）。在回忆的时候，请尽量选择花费金额大致相同且差不多发生在同一时间的实物商品和体验。你对它们各自的满意程度如何？

如果你和大多数人一样，那么体验比实物本身更能让你快乐。调查结果也证明了这一点，但是我们已经知道这一点了，对吧？不过，还有更有意思的另一点。当人们回忆起他们的消费时，通常对去南卡罗来纳度假比买新沙发更满意，对看百老汇音乐剧比买 Polo 衫更满意，这是我们知道的。但是在消费的那一刻，这些东西使人们感受到的快乐程度却并没有什么不同。[18] 这到底是怎么回事呢？

虽然对实物的满意度会随着时间的推移而急剧下降，但是对体验的满意度却不是这样。恰恰相反，有研究表明，后者会随着时间的推移而增加！在最开始的时候，你从冰箱和音乐会中获得的快乐可能大致相同，但是你很快就习惯了那个带法式开关门的"厨房助理"冰箱；但在著名音乐人王子（Prince）英年早逝之前，如果你有幸在伦敦 O2 体育馆观看过他的现场表演，那么这个记忆引发的快乐将会伴随你一生。相对而言，财物对幸福的影响是短暂的，而经历对幸福的影响是持久的，这可能就是人们更有可能后悔没有"购买"一种经历（去巴黎旅行或骑马）而不是没有购买某件商品的原因之一。

当然，我们并不是说所有的经历都比所有的财物更好。有些经历令你如入天堂，而有些经历则是非常可怕的。正如塞缪尔·约翰逊（Samuel Johnson）*所说："没有什么比计划一场欢乐更令人绝望的了。"[19]

然而，平均而言，我们中的许多人似乎都低估了体验的价值，同时又高估了物质财富的价值。[20] 造成这种系统性误差的一个原因是，我们中的许多人认为只有物质财富可以长期存在，而

---

* 塞缪尔·约翰逊出生于 1709 年，是英国著名作家、文学家和诗人，有人称他为 300 年来"英国最受喜爱的文人"。——译者注

体验则是转瞬即逝的。这种想法似乎合乎逻辑——一台冰箱、一辆汽车或一件装饰品可以使用多年。（塔利今天仍然穿着她15岁时买的衣服，它显然物有所值。）你沿着海岸徒步旅行、蹦极、上音乐课、入住一家高档酒店，这些事情通常最多只能持续几个星期、几天、几个小时，甚至几分钟。但是，在人类的心灵里，物质财富的占有可能是短暂的，体验却可能是永恒的。一段时间之后，你可能就不会注意到那件新近购买的东西了。相比之下，一次经历却可能为你带来持久的好处。

请回想一次在壮观的海底潜水的绝妙经历，一场彻底改变你的世界观的演讲，一次难忘的阿拉斯加之旅。所有这些，都可能会一再回到你的脑海中——不是一次两次，而是很多次。这些记忆虽然稍纵即逝，但是依然闪耀着炫目的光芒，而且恰恰是因为它们稍纵即逝才耀眼夺目。试着想象一段美妙的浪漫关系吧。轰轰烈烈的短暂爱情可能会撒出令你怀旧数十年的"精灵之尘"，而持续了几十年的悠长爱情却可能无法在回忆时为你带来"精灵之尘"。

当法国的巴黎变成爱达荷州的巴黎

在电影《卡萨布兰卡》中，里克和伊尔莎在巴黎有过一段短暂的浪漫关系。在最后离别的那一刻,里克对伊尔莎说:"我们永远拥有巴黎。"我们当然知道,巴黎(和卡萨布兰卡)将深深地刻在他们的大脑皮质中,直到他们离开人世的那一天。但是,如果里克和伊尔莎不需要因为第二次世界大战爆发而分开呢?如果他们结了婚,住到了一起,生下了几个孩子,然后又有了几个孙子,又会怎么样?如果泰坦尼克号从未沉没呢?如果露丝和杰克一起顺顺当当地下了那艘大船来到了纽约呢?

对此,奥斯卡·王尔德有一个非常明确的看法:"恋爱是非常浪漫的,但是目标明确的求婚却一点儿也不浪漫……然后兴奋劲儿就完全消失了。浪漫的本质就是不确定。"[21]

不久前,卡斯在纽约参加了一场婚礼。当时,餐桌上的闲谈主题自然而然地转向了爱情和婚姻。也许是出于某种奇迹,卡斯的正对面坐着一位这方面的专家——著名的夫妻关系治疗师埃丝特·佩雷尔(Esther Perel)。她对这个问题的看法与王尔德相差无几。

佩雷尔治疗过许多对已婚夫妇。她观察到,在结婚多年以后,丈夫和妻子之间的亲密度和舒适度都在提高。爱情变得坚不可摧了,但是兴奋,包括性兴奋,会不断减少。

佩雷尔说:"如果亲密关系是通过重复和熟悉发展起来的,那么性爱就会因为重复而变得麻木。"[22] 这就是悖谬所在了:亲密程度的提高往往伴随着性欲的减少。是的,光芒变暗淡了。

在佩雷尔看来,情爱"是在神秘、新奇和意想不到中茁壮成长起来的"(或者,用王尔德的话来说,"浪漫需要不确定性"),

因为"欲望的维持，要求有持续的'飘忽不定性'；目前已经走到哪一步对它关系不太大，而主要与对还能走到哪里的激情相关"。结婚已久的夫妻往往忘记了"烈火需要空气"。

因此，新奇性和多变性才是欲望的核心，而不是安全性和可预测性，尽管后两者也是人们同样珍惜且需要的。"当失去了神秘感，"佩雷尔说，"当亲密关系排除了任何新发现的可能性时，它就会变得对当事人相当残酷。当彼此没有什么可隐瞒的时候，也就没有什么是值得寻求的了。"习惯和例行公事是反催情药。或者，用佩雷尔自己的话来说，"欲望是与习惯和重复完全冲突的"[23]。

当你认为你的伴侣是固定不变的、完全可预测的时，激情就会减少甚至消失。但是，这种可预测性其实只是一种错觉。我们可以向你保证，即便你们已经在一起几十年了，你的伴侣也仍然会有一些让你惊讶的秘密、经历和思想。（我们希望这些秘密不是那种"可怕的秘密"。当然，有些秘密即便不可怕，也可能令人不愉快。）无论是对你的伴侣、你最好的朋友，还是对你的孩子、你的父母，认为你对你所爱的这些人早就了如指掌的想法是完全错误的。意识到你所看到的只是你的另一半的真实面貌的一小部分，可以让你保持兴奋和新奇。

请想一想，当你觉得你的伴侣特别有吸引力的时候，你的伴侣在做什么？你又在哪里？当佩雷尔要求前来就诊的人描述他们的伴侣对他们最有吸引力的一件事时，他们主要提到了两种情况。第一种情况是，当他们突然觉得自己的伴侣变陌生了、展现出了以前自己不知道的一面时，觉得对方最有吸引力。比如，当他们从远处蓦然看到自己的伴侣，或者当他们观察伴侣与陌生人深入交谈的时候，他们会特别被伴侣吸引。第二种情况是，当伴侣离开了他们，以及当他们与伴侣重新团聚时，他们觉得对方尤其有吸引力。在她的诊所里，通过多年来对很多对夫妇的观察和倾听，佩雷尔得出结论：为了避免让法国的巴黎变成爱达荷州的巴黎，夫妇双方需要减少一天到晚待在一起的时间，增加分离和重逢的机会。[24]

佩雷尔的结论是有科学依据的。一项针对237人的研究[25]表明，人们与自己的伴侣分开的时间越长，对伴侣的性兴趣就越大。每一对夫妇都可以找到自己的"甜蜜点"——可能是分开几个星期，也可能是一个星期分开几天，或者只需要晚上暂时分开一下。这是一种微妙的平衡。人们需要高质量的相处时间和共同的经历来维持一段关系，但是也需要一些独处的时间，这也正是婚姻咨询医生所要求的。

如果某样东西是固定不变的，我们通常会（也许是无意识地）假设它无须被关注，一直都会自然而然地留在原处。因此，我们会把注意力和精力转移到待办清单上的下一件事情上。[26]但是，如果我们能够让这个不变的东西变得不那么"永远不变"，我们的注意力就会自然而然地回到它上面；如果它的核心是好的，它就会重新闪闪发光。

"探险家"和"猎人"

卡斯的家人经常说一句话："这是我们一直在做的。"这句话（通常）是对卡斯的一种善意的责备，因为卡斯喜欢按自己的方式来待人处事。而卡斯的妻子喜欢新奇和冒险，她愿意接受高度的不确定性。卡斯更像是一个"利用者"，倾向于选择好处已知的选项（如宅家度假、去熟悉的餐厅吃饭）；而他的妻子则更像一个未知领域的"探险家"，她更喜欢选择不确定但潜在好处更大的选项（如在一个陌生的地方度假、去没去过的餐厅吃饭）。

请想一想你自己的偏好。假设这个星期六晚上你要出去吃饭，你是更想去一家你很熟悉的餐厅（且你知道你喜欢那个地方），还是更想去一家上个月刚开张的新餐厅？再想一想，你是喜欢结识新朋友，还是倾向于认为老朋友才是最好的？你喜欢冒险吗？当你听到"宅家度假"这个词时，你是会心一笑还是微微皱眉？

首先要明确的一点是，每个人（包括你在内）都必定会在一定程度上既"探险"又"利用"。我们不仅会回想起我们以往认识的伟大的地方和人，很多时候也会冒险去探索未知的道路。但是，这两者之间的平衡点究竟处于什么位置则因人而异。有些人似乎天生就喜欢利用原有的东西，而有些人则喜欢探索新的道路。

我们推测，那些非常快就能习惯化的人更可能被探险所吸引。因对某种现状的习惯化而导致的情感激发减少，会推动人们去寻找新的体验和发现。你可以把这些人称为"感觉寻求者"。这些"感觉寻求者"总是在追求新的和不同的感觉、情感和经历。

你知道，我们说的就是那些环游世界、蹦极或与各种各样的人打交道的人。这些人之所以冒险探索未知，部分原因是他们往往更容易实现对已知的习惯化。不过，对这些"探险家"来说特别重要的是，探索未知的一种常见方法并不需要长途旅行或其他新奇尝试。恰恰相反，你可以待在家里，喝杯好茶，读本书，就可以探索未知了。

宾夕法尼亚大学教授达尼·巴西特（Dani Bassett）和他的同事们发现，探险家——那些喜欢尝试新事物和寻求刺激的人——在寻求新知识方面表现出了一种特定的模式。在一项研究中[27]，巴西特要求 149 名志愿者在维基百科上搜索 21 天，并将他们每次的搜索内容记录下来。在检查志愿者在维基百科上的活动时，巴西特发现这些人可以整齐地划分为两个组别。

第一组是"爱管闲事的人"，他们会搜索各种问题的相关信息，从而创造出一个关于一系列相互弱相关的概念的知识体系。例如，一个人可能会阅读维基百科上关于电视制作人珊达·莱梅斯的页面，接着再浏览关于心脏病的页面，然后是关于菜蓟的页面。第二组是"猎人"，他们通过搜索相关概念的信息来创建严密的知识网络。例如，一个人可能会阅读维基百科上关于巴拉克·奥巴马的页面，接着阅读米歇尔·奥巴马的页面，然后再阅读奥巴马基金会的页面。一个人的"求知者"类型提供了关于这个人性格的线索——"爱管闲事的人"更有可能是寻求刺激的人（即成为"探险家"），而不是"猎人"。

请看看你周围的人——你的伴侣、朋友、同事——他们往往要么是"爱管闲事的人"/"探险家"，要么是"猎人"/"利用者"。这两种类型的人都可能成为非常有趣和成功的人。就以地球上最富有的两个人比尔·盖茨和沃伦·巴菲特为例来说吧。这两个人都是狂热的阅读者。

微软公司的共同创始人比尔·盖茨从小就养成了每个星期读一本书的习惯。他已经读了大约2592本书。他推荐的书包括一本关于睡眠的书，即马修·沃克的《我们为什么要睡觉》；几本教育方面的书，如黛安娜·塔文纳的《准备》；一本关于网球的散文集，即戴维·福斯特·华莱士的《弦理论》（*String Theory*）；一本讲述一位患有阿斯伯格综合征的教授寻找他的妻子的小说，即格雷姆·辛浦生的《罗茜计划》；一本关于硅谷一家名为Theranos的血液检测公司的丑闻的非虚构类图书，即约翰·卡雷鲁的《坏血》；还有几本历史书，如迈克尔·贝施洛斯的《战时总统》（*Presidents of War*）；等等。[28] 我们认为，把盖茨划入巴西特所说的"爱管闲事的人"应该没有什么问题。

巴菲特也是一位狂热的阅读者。他建议每天至少读500页书。"这就是我们获得知识的方式，"他说，"因为知识需要像复利那样不断积累。"那么他的推荐书单上都有什么书呢？有本杰明·格雷厄姆的《聪明的投资者》、L. J. 里滕豪斯的《读懂上市公司：掘金股市公开信息》、约翰·博格的《长赢投资》。[29]我们还可以继续列下去，但是相信你已经大致有所了解了。巴菲特的书单不像盖茨那么多样化，它几乎完全由商业图书组成，大部分是关于如何投资的，而且许多是入门类图书。这些书为如何在投资和商业上取得成功提供了蓝图。假设巴菲特的推荐书单反映了他实际阅读的内容，那么我们可以猜测他是一个"猎人"。

虽然人们在一个领域（如旅行或食物）寻求新奇的倾向与在另一个领域（如阅读材料）寻求新奇的倾向之间存在相关性，但是毫无疑问，人们可能在某些情况下会探险，在其他情况下则可能会利用。例如，卡斯是一个"爱管闲事"的求知者，但同时又是一个"宅男"。卡斯的合著者认为，比起外出冒险，卡斯更喜欢宅在自己家里"度假"，但是他却娶了一位"探险家"，这并非偶然。为了让生活变得更加美好，我们同时需要这两者——探索新事物和拥抱旧事物。当我们人类的生理结构和基因构成，或者说，当过去的经历使我们倾向于（也许是"过度倾向于"）某一个方向而不是另一个方向时，与一个性格相反的人结为伴侣可能有助于恢复我们的平衡。大自然母亲，或者说人类的本性，可能就是要把"阴"和"阳"结合在一起。

2
变化：

幸福和意义之外的第三种选择

变化对你有好处。

雪儿·克罗

(Sheryl Crow)

花点儿时间反思一下你的生活。有什么是你想要改变的？你是否正在考虑换一份工作或搬到另一个地方居住？你正在考虑开始一段新的浪漫关系（或者结束一段现有的关系）吗？又或者，你只是想知道是不是需要培养一个新的爱好，或者改变你浴室墙壁的颜色？你怎么知道改变是不是对你有好处？

不妨以一位才华横溢的年轻教授为例来说明，我们称她为N。几年前，N被她所在国家的一所顶尖大学聘用了。大学教职的竞争是相当激烈的：通常有数百名申请者竞争同一个职位，而且从提出申请到被录用可能是一个非常漫长且复杂的过程。得到这份工作一度令N非常激动。但是紧接着，一件意想不到的事情发生了。

在开始这份新工作短短几天后，N就开始考虑它是不是适合自己了。新的大学与她原来工作多年的那所大学有很大的不同。作为她的同事的那些教职员工，当然不可能是原来那些人了，关键是他们谈论和关心的问题也完全不同。规则不一样了，工作惯例也不相同，就连可以选择的午餐也不一样了。N 觉得很痛苦。刚刚入职几个星期，她就开始考虑要不要回到原来的工作岗位。

事实上，N 的这种情况并不罕见。许多调查表明，高达 40%（这个数字令人震惊）的员工在开始新工作的 6 个月内就辞职了。[1] 不同行业的数据稍有不同，但是几乎所有行业的离职数据都高得惊人。在金融业和医疗保健行业，超过 1/3 的新员工在第一年内就离开了工作岗位。而从所有行业的总体情况来看，在入职 6 个月内辞职的人比在接下来的 6 个月内辞职的人要多得多。[2]

如果你搬过家，你就会很熟悉这种渴望：来到一个新的地方不久，你就很想搬回原来的地方了——啊，多想来个 180 度大转弯啊！不过幸运的是，大多数人能在短短几个月内适应新城市、新工作、新住所，而且在多数情况下，他们都不愿再度离开。

N 是幸运的。她的一位朋友建议她多做几次深呼吸，努力适应新工作。当然，最初的几个星期可能会非常艰难，因为你肯定会遇到无数会刺痛你情绪的事情，而且你必须在一个全新的环境中摸索着前行。似乎永远会有无穷无尽的烦恼事（对 N 来说，也许她的办公室太小了，也许公寓管理员过于严格）来干扰你，这时你会无比渴望熟悉的、原有的那些事物。但是你猜怎么着？几个月后，你可能就完全注意不到那些让你在第一天感到极其痛苦的事情了。

因此，在你采取行动之前，你应该先让习惯化发挥作用。也许你的新工作、新恋情和新房子并不是非常适合你，但是，在你让自己习惯所有不好的东西和好的东西之前（不好的东西的一个例子是，凤凰城的气候真是又热又干；好的东西的一个例子是，沃尔弗拉姆每天早上都会给你煮新鲜咖啡），你很难评估你在凤凰城和沃尔弗拉姆一起生活从长远来看会有多快乐。

最终，N决定留下来。今天回首往事，她说她很高兴自己当初做了这个决定。她在那所大学里很是过了几年好日子。后来，她又收到了另一份工作邀请，于是她去了第三所大学。然后她又一次经历了过渡期的痛苦，但是随着时间的推移，痛苦逐渐消失了。今天，N在新职位上与在旧职位上一样快乐。那么问题来了：N做出这些举动值得吗？改变对她真的有好处吗？

丰富多彩的人生的价值

这些问题的答案取决于你对美好的一生的定义。也就是说，你想在你的一生中最优化（或最大化）什么？我们这里指的不是金钱、友谊或权力本身，而是你希望这些东西（比如金钱、友谊或权力）能给你带来什么。

这个问题有三个主要的答案。第一个答案是最不令人惊讶的：十有八九，你想要的是幸福或快乐。众所周知，幸福或快乐是很难定义的，但是它一般意味着人们希望享受时光，希望日子充满舒适和喜悦，希望能够避免焦虑和痛苦。是的，你可能渴望爱情、婚姻、孩子和丰厚的薪水，因为你相信这些东西会给你带来幸福。很多时候确实如此。

继续看 N 这个例子。她之所以决定接受一份新工作，很可能就是因为她认为那样的话自己将会更加快乐。如果真的是这样，那么她这个决定有可能不是一个很好的决定，因为到最后，她并没有通过新工作得到比旧工作更多的快乐（这并不奇怪，因为人们通常在适应新情况后，最终只能达到自己的"基线"幸福水平）。[3]

除了快乐，你可能还想感觉到自己的生活是有目标的。这正是人们会给出的第二个答案。有的时候，意义和幸福感是相辅相成的，但是其他时候却并非一定如此。如果你花了一个晚上疯狂地看一个新的电视节目，你可能会觉得度过了一段美好时光（如果这个电视节目非常好的话），但是你不太可能觉得这段时间特别有意义。如果你花了一整天时间做慈善工作，你可能会发现这段时间充满了目标感，但是你可能并不是特别喜欢它，因为它可能很有挑战性，或者让你疲惫不堪。

例如，卡斯很讨厌参加追悼会——对他来说，追悼会很痛苦——但是他最近参加了一个他最好的朋友的追悼会。虽然卡斯非常讨厌追悼会，但是这个追悼会承载着很多意义，他无论如何也不能错过。N 的旧工作和她的新工作在目标这个层面上是相似的，所以在她决定换工作时，"寻找意义"可能很少或根本没有起到作用。

快乐和意义都很重要。[4]但是随着时间的推移，原本能够带给你很多快乐和意义的事情，可能只会带给你越来越少的快乐和意义。例如，你可能会连续七个晚上疯狂追看一部精彩的电视剧——我们的预测是，到第四天晚上，习惯化就会开始发挥作用，你的体验就会变得大不如前（即便客观地说，第十集其实和第二集一样精彩）。你可能花了好几年时间研究癌症，那么在一段时间之后，你的目标感可能会减弱，惊奇和感激可能会被一种例行公事般的感觉所取代。

当然，也有例外。例如，即便过了很多年，你还是觉得抚养孩子的乐趣和目标感从来没有大幅减少，或者根本没有任何减少。是不是有这种可能，即为他人做事（比如抚养孩子或从事慈善工作）带来的满足感不会减少得那么快？

现在请想象一下，我们给你 5 美元，让你花在自己身上。你可以买一双彩色的袜子，或者一支紫色的钢笔，又或者一块巧克力。这些小礼物都可能给你带来一些快乐。接下来再想象一下，明天我们再给你 5 美元，你再一次将它用在自己身上。到了第三天，我们又给你 5 美元，第四天和第五天同样给你 5 美元。每天我们都给你同样的指令——在当天用 5 美元去改善你的生活。正如你预料的那样，你从一份 5 美元的礼物中获得的快乐每天都会减少一点点。更确切地说，在 7 分制的幸福量表中，5 天平均会下降大约 1 分。[5]在一项连续 5 天每天给人们 5 美元让他们给自己买礼物的研究中，结果确实是这样。

现在再想象一下，我们给你 5 美元，但是这一次要求你把它花在别人身上。你可能会给同事买一根巧克力棒，给伴侣买一双彩色袜子，或者给女儿买一支紫色钢笔。第二天我们再次给你 5 美元，而且给你同样的指令。第三天、第四天、第五天也一样。同样，每天我们都会问你：这 5 美元让你有多开心？再一次，这 5 美元带来的幸福感可能会随着时间的推移而消退。

然而，事实还证明，对给予的快乐的习惯化，要比对获得的快乐的习惯化慢得多。在 7 分制的幸福量表中，给予的幸福感在 5 天内只下降 0.5 分——也就是说，比获得的幸福感少下降 0.5 分。众所周知，给予通常比获得更有意义[6]，这个实验则进一步表明，对为他人做一些有意义的事情所带来的好处的习惯化要慢得多。

好了，现在可以回到人们在自己的一生中想要实现什么这个问题上了。我们中的许多人都试图把幸福最大化，还有许多人试图将意义或目标最大化。但是，你也可以尝试实现生活中除了幸福和意义的另一个方面，那就是变化（也是第三个答案）。你可以尝试过一种新的生活，拥有新的经历，游历新的地方，结识新的人，获得新的视角……这样，你所看到的和所做成的也会变得更加多样化。

心理学家大石茂弘（Shigehiro Oishi）和埃琳·韦斯特盖特（Erin Westgate）把这种生活称为"心理上丰富的生活"，他们发现很多人都在努力追求这样的生活。[7]我们人类当然关心幸福和意义，但是我们还关心多样性和可变性。许多人说，消除他们一生中最大的遗憾会使他们的生活更加丰富多彩。[8]

毫无疑问，N 的每一次工作变动都使她的人生更加丰富多彩。换工作可以让她的生活变得更有趣，并为她创造新的学习机会。这些机会增加了她的知识，为她提供了新的想法——所有这些都可能提高她的工作质量。这就是偶尔让员工在不同部门之间轮岗，或者鼓励他们参与不同的项目可能对雇主很有利的原因。在美国政府中，人们可能会从一个机构或部门（比如环境保护署），被"借调"到另一个机构或部门（比如白宫），这样做的部分原因是那里可能需要他们，部分原因是人们相信，当他们日后回到原来的部门时，新的经历将有助于改进他们的工作。

在学术界，有教职在身的员工通常每隔几年休一次假——在休假的那个学期或学年里，他们可以免去平时的教学职责，自由地到其他地方工作。他们可能会出一本书，访问其他大学，在工商业界工作一段时间，也可能纯粹就是周游世界。这似乎是一种很奢侈的安排，也有人说这样做是不经济的。也许真的是这样，但是关键不在这里。无论他们在休假期间做了什么，他们都能收获变化和多样性。多样性能够让他们觉得生活更加美好，而且正如我们将在第 5 章中阐明的那样，多样性还能够激发创造力。

丰富多彩的生活可以带来幸福和意义，但是这只是一种可能性，结果并不一定非得如此。无论如何，你应该会希望你的人生能够丰富多彩一些，即便它不能让你更快乐，即便它很少或根本没有增加你的意义感。大石茂弘和韦斯特盖特发现，许多人都愿意为了体验多样性而在一定程度上牺牲幸福和意义，因为丰富多彩的生活通常被认为是美好的生活。

变化永远不够

变化虽然可以带来多样性,但这是有代价的。变化也会带来麻烦和风险。事实上,你永远不知道变化会带来什么。因此,有的人可能不愿意做出改变,即便他们目前的境况并不是很好,甚至可能相当糟糕。我们在这里指的不是像 N 这样的人,她接受了一份新工作,不是因为上一份工作令她不开心,而是因为她觉得新的工作更加有趣。更确切地说,我们在这里指的是那些明显不满意的人——他们可能对自己的体重、工作或者人际关系不满意,但是对于是不是要做些什么来加以改变仍然持观望态度。我们关心的是,总体上看,那些考虑改变生活某一方面的人最终能不能既拥有一个更加"丰富多彩"的人生,也拥有一个更加幸福的人生呢?

这正是经济学家史蒂芬·列维特(Steven Levitt)试图回答的问题。[9] 为了说明做出改变是不是真的能够带来更大的快乐,列维特采用了一个非常简单的方法:直接询问那些做出改变的人在改变之前和之后的幸福感,然后将他们的幸福感与没有做出改变的人的幸福感进行比较。举例来说,劳蕾塔*和贝尔纳黛特都在考虑要不要离婚。劳蕾塔最终离了婚,而贝尔纳黛特决定不离。

---

* 在本书中,参与某项研究的个体不是指某个具体的人,而是一组个人的代表("劳蕾塔"不是指一个名叫"劳蕾塔"的人,而是像她这样的一组人的代表)。

离婚后的劳蕾塔比没有离婚的贝尔纳黛特更加快乐。

当然，这个结果可能只是如下这个事实的反映：同样是通过离婚，劳蕾塔得到的比贝尔纳黛特得到的更多，而这就是劳蕾塔离婚而贝尔纳黛特没有离婚的原因。另外也可能是因为劳蕾塔的婚姻本来就比贝尔纳黛特的婚姻更糟糕，或者劳蕾塔对开始一段新感情比贝尔纳黛特更有信心。简单的前后对比研究无法给我们一个确切的答案。我们需要一种更好、更科学的方法。幸运的是，列维特确实有一个好方法。

列维特的计划是，随机地鼓励一大群人中的一部分人改变他们的生活，同时鼓励其余的人保持现状，然后对这两组人进行比较。怎么才能做到这一点呢？掷硬币！他请那些正在犹豫要不要改变自己所处的次优境况的人通过在线抛硬币来判断该如何决策。如果抛出来的是正面，就意味着要做出改变；抛出反面则代表维持现状。（"如果是正面，我马上开始节食；如果是反面，那么我看到布朗尼和冰激凌就继续随便吃。"）假设人们会用抛硬币来帮助做出这类决策似乎有点儿疯狂，但是他们中的许多人确实都这样做了。由于在列维特那里登记的有 2 万多名参与者，而且他向他们提出了多种多样的后续问题，所以他可以通过比较确定，是那些维持现状的人更快乐，还是那些做出改变的人更快乐。[10]

令人惊讶的是，抛出正面的那些人做出改变的可能性比其他人高出了 25%。更加重要的是，列维特的研究结果表明，平均而言，做出改变是有益的。那些做出改变的人比那些没有做出改变的人更快乐。不过，因为并不是所有的参与者都是完全"盲目"地根据抛硬币的结果来做出决策，所以列维特的研究仍然存在一个自我选择问题（也就是说，哪些人处于"改变"条件下，哪些人处于"不改变"条件下，并不是完全随机的）。然而，他的研究结果还是表明，做出改变（辞职或接受一份新工作，离婚或结婚）能够大大提高人们的幸福感，甚至在抛硬币6个月之后仍然能发现他们的快乐在增加。[11]

当然，要明确的是，我们这样说绝不是建议你和你的配偶分居或者你应该马上辞职！抛硬币的那些人本来就已经在考虑要不要做出改变了。他们可能是因为不开心而考虑换工作。此外，列维特的这个发现也并不意味着如果你在当前的婚姻中很幸福，那么离婚会更幸福。他的研究也没有指出哪种改变是最好的（例如，可能需要做出的改变不是直接离婚，而是夫妻双方一起接受婚内心理咨询）。相反，他的研究表明，一般来说，如果你确实改变了你正在考虑要不要改变的境况，那么你会变得更加快乐；事实上，你"正在考虑"本身就意味着你目前的境况并不理想。

也许最重要的是，列维特的这项研究表明，人们往往未能做出应该做出的改变。人们经常错误地维持着现状，即便有机会去尝试一些不同的事物，而且改变后将变得更好也是如此。在大大小小的各个方面，他们一直在做着同样的事情——他们到同样的餐馆吃饭，选择同样的度假胜地，读同样的书，拒绝一切可能导致混淆的事物。他们忽视了他们可以从新鲜和不同的事物中获得的好的"刺激"。

把好的细嚼慢咽,把坏的囫囵吞下

我们怀疑,列维特的硬币有其两面性(这并不是一句双关语)。一方面,你也许会做出比你应该做的更少的改变,因为你可能对未知感到焦虑,低估了自己适应新环境的能力。另一方面,你可能对变化的前景感到非常兴奋,无论是大的变化(一个新家!),还是小的变化(一台新的电视机!),因为你认为改变会给你带来长期的幸福,但是实际上它可能只会在习惯化开始之前给你带来短期的快乐。

在做出改变的过程中,人们考虑的往往只是紧随改变之后的感觉,而很少考虑改变几个月之后的感觉。这就意味着,我们会高估一个受欢迎的变化带来的喜悦,以及一个不受欢迎或可怕的变化带来的恐惧。

举例来说,在一项研究中,当研究人员要求一组学生想象与他们的恋人分开几个星期的情景时,有2/3的学生预计,这个经历在第二、三、四、五个星期的痛苦,不会比第一个星期的痛苦更少。[12] 换句话说,这些学生未能预见到他们对分离之痛的习惯化。这种预测失败,可能会导致这些学生放弃某些有极高心理锻炼价值的经历,比如出国留学一个学期。

对习惯化的预测不仅仅对改变人生的经历很重要。如果你忽视了习惯化的力量,那么你每天所做的选择就可能会给你带来更多的痛苦和更少的快乐。

举个例子，假设你每天都要打扫厕所。完成这项不愉快的任务大约要花半个小时。你是更愿意一口气把厕所打扫干净，还是每工作10分钟就休息一下？又或者，假设你楼上的邻居马文正在进行春季大扫除，你可以清楚地听到他的吸尘器发出的恼人的声音。你是不是应该给马文煮一杯咖啡，这样你们俩都能暂时摆脱吸尘器的嗡嗡声先休息一下？

大多数人的答案是先休息一下。在一项研究中，当研究人员问119位受访者是更愿意休息一下，以便从一种难闻的气味中暂时解脱出来，还是想要一次性结束这种体验时，有90人回答："请让我先休息一下！"类似地，绝大多数人表示（在这119名受访者中有82人），在面对吸尘器等烦人的噪声时想要先休息一下，因为他们认为只要能先喘口气，那些麻烦事就不会那么烦人。[13]

这看上去似乎是一个合理的预测，但其实它是错误的。当人们真的听到吸尘器的噪声时，那些有机会"先休息一下"的人总体上感到更难受了。[14]这是因为，休息打断了他们对不受欢迎的噪声的自然而然的习惯化。这里的教训是，如果你需要完成一项不愉快的任务，比如打扫厕所或用吸尘器清洁地毯，那么最好一次性完成这种"体验"。一旦你停下来喘口气再回来，气味会显得更难闻，噪声会显得更大，整体体验会更糟糕。取消休息能够促进习惯化过程，从而使这些任务不那么令人不愉快。

那么，对于那些非常愉快的经历又应该怎么处理呢？请想象一下，你来到了你最喜欢的那家餐馆用餐，服务员把你安排在了最好的位置上。这个餐馆氛围很好，也很安静，所以你可以和你的伴侣轻松愉快地交谈，而且桌子就在窗户边，窗外的景致也非常优美。你慢慢品着酒，享受了一盘开胃的意大利面。晚餐持续了几个小时。现在请问，你是愿意一直坐在这张漂亮的餐桌旁，还是到拥挤喧闹的后厨去"休息一下"呢？

"啊，谁会问这么愚蠢的问题！"你可能会这样想。既然已经占据了整个餐馆中几乎最好的位置，谁又会想去后厨待一会儿呢？事实上，95%的受访者说他们不愿意离开舒适的空间去其他地方"休息一下"。[15] 但是，离开美好的环境去休息一下，是不是也有可能对你有好处呢？这似乎与直觉相悖。

坐在漂亮的餐桌边用餐是令人愉快的，但是最初一个小时的愉快，可能会随着时间的推移而消退。除非……你中断了这种体验。也许，到餐馆中拥挤嘈杂的那些角落待上一段时间（例如，去一下洗手间），就可以引发去习惯化，从而让你有机会再一次对更大的空间和闹中取静的舒适环境大为欣赏。不过，由于这个实验还没有研究人员做过，所以我们不确定在一次愉快的用餐过程中加入一个不那么愉快的时刻，是不是真的能够让你的体验焕发光彩。但是现有证据表明可能确实如此，例如，同样是接受令人愉快的按摩，与那些不间断地接受按摩的顾客相比，间歇性地接受按摩的顾客表示自己得到了更大的享受。[16]

虽然人们通常喜欢把积极的经历保持完整，但是把这些经历"切碎"可能会更好。[17] 不妨以度假为例来说明。几年前，塔利去多米尼加共和国一个阳光明媚的度假胜地出差。她的任务是找出什么东西让度假者最快乐,以及背后的原因。她采访了许多在那里度假的人,请他们讲述自己的经历,并请他们填写调查问卷。在完成数据输入后,她注意到一个反复出现的词:"第一次"(first)。那些度假者谈到了"第一次看到大海""第一次在游泳池里游泳""喝第一口假日鸡尾酒"……时的喜悦。"第一次"似乎非常重要。[18]

由于各种"第一次"通常发生在假期的早期而不是后期,因此塔利想知道人们在假期开始时是不是最快乐。幸运的是,她所在的一家大型旅游公司曾要求全球各地的度假者对他们在假期中的感受进行评分,塔利可以利用这些数据来检验她的预测。在对这些数据进行分析后,塔利发现,假期开始43小时后,快乐就达到了顶峰。[19] 这就是说,差不多在假期的第二天结束时,当人们安顿下来后,他们是最快乐的。然而在那之后,一切就开始走下坡路了。

这里需要明确的是,大多数人在假期结束时并没有感到痛苦,他们回到家后仍然可以受益于一些温暖的假期"余辉"。不过,不到一个星期,他们就重新适应了日常生活——工作、接送孩子上学、支付各种账单。是的,仅仅7天之后,就很难发现假期对他们的情绪有任何影响了。

这个证据表明,在其他条件相同的情况下,你可以设法把一年一次的长时间度假,分割成若干个短时间的小假期,这样你可以获益更多。比如,如果你有一个两周的假期,那么你可能在第三天就对蓝色的海洋和白色的沙滩习惯化了。然而,如果你可以改成休两次假，中间相隔几个月，即便每次只休假四天，你也可以多体验一次令你大叫"哇！"的惊喜，而且你的整体愉悦感也可以持续更长的时间。这样，你就可以最大限度地享受更多的"第一次"的快乐和假期"余辉"了，此外还可以享受更多的期待美好假期的快乐（只要想象一下海滩上的玛格丽塔酒和温暖的阳光，就很令人快乐，现在你可以想象两次了）。

当然，也有一些限制因素需要考虑。如果你把一个长假期分成几个小假期，那么总旅行时间会变得更长，而且可能会让你必须花更多的钱。但是也未必一定如此。例如，你可以选择两个目的地离家比较近的小假期，而不是一个目的地很遥远的长假期。一般来说，在可能的情况下，你可以想办法把这些愉快的经历分成更小块的经历。当你在餐馆里一张位置完美的桌子边坐下后，不妨去后面喧闹的区域看一看、转一转。

但是，当涉及不愉快但又必须完成的任务和经历时，请记得把它们一次性解决掉。

3
社交媒体：

如何从技术导致的昏迷中醒来

我们人类可以适应非常多的事物。人们很容易像梦游一样陷入长期的压力和分心状态，而没有意识到事情可能会有所不同。

蒂姆·哈福德

(Tim Harford) [1]

两年半前，作家兼博主萨姆·霍尔斯坦（Sam Holstein）做了一个决定，她认为那是她一生中最好的决定之一。她的选择并不冒险。她不是要搬到阿拉斯加去当一名飞行员，或者加入马戏团去表演高难度节目。不，她的选择很平凡，而且只花了5分钟就实现了。此后，她的生活在很多方面都发生了变化。在她看来，这个选择让她更快乐、更放松、工作更有效率、生活更有趣味了，同时还给她带来了更加丰富的社交生活。[2]

萨姆并不是唯一这样做的人。许多人也做出了同样的决定，并获得了类似的效果。不妨以肖万·乔杜里（Shovan Chowdhury）为例。在一开始的时候，肖万发现很难实现这种改变："这几天我无法集中精力学习……但是我已经下定决心，不再回到以前的生活了。我正在适应我的新生活。"[3] 仅仅几个星期之后，肖万就适应了新生活，他发现自己睡得更好了，拖延症消失了，锻炼得更多了。最终，他找到了一份新的工作，并且重新有了激情。

那么，到底是什么神奇的决定，竟然能够改变萨姆和肖万的生活？你可能很想知道。萨姆和肖万的决定是，退出社交媒体。他们删除了自己在脸书、Snapchat、推特、微信等所有社交网站上的账号。但是，萨姆和肖万的经历真的有典型意义吗？或者换句话说，我们大多数人真的会因退出（或暂时离开）社交媒体而受益吗？如果确实如此，为什么？

"如鲠在喉"的洁牙器

生活中总有一些令人烦恼和不愉快但又必须完成的任务，例如，看牙医、报税、打扫厕所等等。在上一章中，我们建议你"囫囵吞下这些任务"，以便让习惯化来减轻你的痛苦。例如，如果你需要补几颗牙，最好一次性补完。你补好一颗牙齿后，就对高速磨牙钻的刺耳噪声和液体氟化物的难忍味道习惯化了。一口气补完所有牙齿，肯定能比分几天、每天只补一颗牙齿少受很多痛苦。

现在，想象另一种可能。假设牙医在你的嘴巴里装了一只永久性的电子洁牙器（我们知道这是不可能的，但是不妨先跟着我们一起做这个思想实验）。这个电子洁牙器一刻不停地发出低沉的嗡嗡声，这种令人心烦的声音日复一日地钻入你的脑海，挥之不去。这种情况持续了好几个月，甚至好几年。无论你去上班，去看棒球比赛，还是去吃一顿浪漫的晚餐，嘴里都塞着这个一直嗡嗡作响的电子洁牙器。由于已经习惯化了，你可能在一段时间后就几乎不会注意到它发出的嗡嗡声。然而，它毕竟是一个"异物"，肯定会在一定程度上干扰你享受生活和集中注意力的能力。但是，你可能无法指出到底是哪里出了问题。

然后突然有一天，你的牙医认为，可以把这个电子洁牙器从你的嘴里取出来了。这个决定的影响可能大大出乎你的意料。你会非常惊讶地发现，没有了那个一直嗡嗡作响的金属物品，你的生活突然变得无比美好！

反过来也一样。我们往往不珍惜生活中的美好事物，直到它们消失不见或被他人夺走，才会意识到它们的可贵。是的，我们经常无法明确意识到一些持续不断地影响着我们的刺激物（它们的影响可大可小），直到它们不再影响我们。当然，这是因为我们已经习惯了它们。你可能有过这样的经历：几经周折之后，你终于结束了一段不太好的长期恋爱关系。一开始你会感到悲伤，但是很快你就会惊讶地发现自己平静多了、快乐多了。当你还在恋爱中的时候，你并没有完全意识到这段关系对你的幸福感产生多么严重的负面影响，但是当它结束之后，这种影响就变得显而易见了。

要评估生活中可能伤害你的持续因素的影响，唯一的方法就是摆脱它们，"先休息一下"。这需要你实现去习惯化，并学会用全新的眼光去评估所有相关因素。

社交媒体就是这种相关因素的一个典型例子。对一些人来说，社交媒体就像一个时刻嗡嗡作响的、装在嘴巴里的电子洁牙器。你可能已经怀疑它使你的好日子蒙上了阴云，但是你无法确切地知道它是不是真的如此，也不知道它在多大程度上如此，原因恰恰是它一直存在着。

如何中止坏的东西

如果我们直接根据一些逸事证据（比如萨姆和肖万的故事），就得出一个大而化之的笼统结论，那么就太愚蠢了。要知道，退出社交媒体总体上是不是真的可以改善人们的生活，是一个需要进行大量科学研究的课题。幸运的是，现在已经出现了一些这样的研究，它们提供了一些有趣的结果。

假设，我们要求你马上停止使用你最喜欢的社交媒体平台［是脸书吧？还是YouTube？或者是照片墙（Instagram）？抑或是TikTok？］，你会同意吗？不同意？那好吧，如果我们给你一些现金呢？还是不同意吗？如果你只需要停止使用你最喜欢的社交媒体平台一个月呢？如果你在30天内放弃刷屏、点赞和转发，你会要求得到多少补偿：10美元、100美元，还是1000美元？

又或者，1000美元还是不够，你会要求得到更多的补偿？

这就是经济学家亨特·奥尔科特（Hunt Allcott）与他的合著者向2884名脸书用户提出的一个问题。[4] 他们向这些脸书用户提供资金，让他们停用脸书账号一个月。有些人想要得到几千美元的补偿——当然，研究人员根本负担不起这么高的费用。但是，有60%的用户表示，他们愿意以102美元或更低的代价停用自己的社交媒体账号。这笔费用还算合理，奥尔科特和他的研究团队承担得起，他们也确实支付了这笔费用。他们的目的是，检验"戒掉"脸书能不能让人更加快乐。

据估计，上网冲浪的人平均每天花两个小时在社交媒体上，他们每天都会查看手机50～80次。[5] 要知道，全世界有超过47亿的社交媒体用户[6]，所以你可能会认为这个事实表明，互联网接入，包括使用社交媒体，一定是一件很棒的事情。既然人们如此喜欢这个事物，那么它应该不会带来什么问题吧？经济学家使用"消费者剩余"这个术语来指称人们从消费中获得的收益。因为大多数奇迹般的互联网服务都是以极低的成本获得的，所以消费者剩余似乎应该高得惊人。

但是奥尔科特认为，这一点并不确定。是的，人们选择（而且似乎是出于自由意志）花很多时间在社交媒体上。但是，也许他们只是出于习惯这样做，而没有意识到这对他们的幸福感造成了损害。

为了检验这种可能性，奥尔科特和他的研究团队将那些表示愿意花102美元或更少的钱退出脸书的用户分成了两组。一是"实验组"，停用他们的脸书账号一个月；二是"对照组"，他们不停用脸书账号。所有的参与者都报告了他们在停用（或没有停用）账号之前、期间和之后的快乐程度，还说明了他们对自己的生活的满意程度，并回答了其他相关的问题。

很快，数据就出来了。从各个方面来看，停用账号的那组人都更享受生活。这组不上脸书的人说，他们更快乐了，对自己的生活更满意了，也更少感到抑郁和焦虑了。简而言之，停用脸书账号后，他们的生活变得更美好了。离开社交媒体对大多数人的影响与对萨姆和肖万的影响相似。这种效果有点儿像从嘴里取出电子洁牙器的影响。突然之间，人们没有明确意识到但确实造成了损失的持续嗡嗡声完全消失了。

根据奥尔科特和他的合著者的计算，人们从"戒掉脸书"中获得的幸福感，相当于一个普通人因为收入增加了 3 万美元而获得的幸福感。[7] 听起来，这无疑是一个相当可观的幸福感的提高。

奥尔科特等人的研究并不是唯一一项将社交媒体的使用与幸福感的降低联系起来的研究。下面再来看一下意大利学者卢卡·布拉杰耶里（Luca Braghieri）领导的一项研究，该研究分析了大学生在脸书进入校园前后的心理健康数据。[8] 马克·扎克伯格于 2004 年在哈佛大学创办了脸书。在最开始的时候，它只对拥有 harvard.edu 电子邮件账号的用户开放。这样做的部分原因是给这个平台赋予一种排他性的氛围。不过，在接下来的两年里，脸书慢慢地在美国各个大学推广开来。哈佛大学之后是哥伦比亚大学，接着是斯坦福大学，然后是耶鲁大学。慢慢地，脸书向许多大学敞开了大门。

布拉杰耶里和他的研究团队利用脸书这种渐进扩展模式检验了大学生对脸书的使用与他们的心理健康之间的关系。美国各大学的大学生心理健康状况一般是有调查记录可查的，因此布拉杰耶里可以研究脸书在各个大学推出后不久，每所大学的大学生心理健康水平是否有所下降。结果表明确实如此。每当脸书在一所大学开放其平台，大多数学生都会创建一个账号，此后不久，大学生群体的心理健康水平就会有所下降；他们的幸福感降低了，抑郁症状加重了。受影响最严重的是那些住在校外，不属于姐妹会或兄弟会的学生，以及那些超重的学生。

2008年，脸书开始向社会公众开放，在接下来的10年里，大学适龄人口中的抑郁症发病率上升了惊人的83%！尽管很难证明这两者之间存在因果关系，而且我们有理由对任何特定数字持怀疑态度，但是值得注意的是，布拉杰耶里和他的研究团队估计，大学适龄人口抑郁症发病率的这种上升，至少有1/4可以归因于对社交媒体的使用。[9]

被社交媒体改变的适应水平

为什么停用脸书账号的用户更快乐？一个可能的原因是，退出社交网络平台后，人们平均每天可以"多活"60分钟。一位戒掉脸书的人这样说道："我本来一直喜欢阅读和弹钢琴，这些是我以前每天都会做的事情，直到手机取代了它们。"[10] 在戒掉社交网络平台后，许多人都把刚刚"解放"出来的时间花在了朋友和家人身上（特别有意思的是，没有人把这些时间花在其他社交媒体上）。但是，我们认为退出脸书让人们更快乐还有一个更深层次的原因。社交媒体错误地设定了我们对"正常"的看法——它改变了我们对体验的预期和令我们感到惊讶的东西。

再以我们熟识的鲍勃为例来说吧。鲍勃住在旧金山一所漂亮的房子里，有一个深爱的妻子和天使般的女儿。鲍勃的原型是一位著名的知识分子（我们在这里给他取了一个新的名字，并改变了一些身份细节），你们中的许多人都可能读过他的书，并且在推特上关注过他（他有大约25万个粉丝）。总的来说，鲍勃对他自己的生活很满意。然而，每当他登录社交媒体，他的幸福感就会受到负面影响。

原因何在？因为他每次登录社交媒体，都会看到那些比他更有名的朋友的特别令人兴奋的生活剪影。"我会对自己说，'为什么没有人邀请我在这个超级棒的会议上发表演讲呢？'"他还觉得奇怪，"为什么偏偏是我没能见到总统？"虽然我们都认为，他的人生、他的事业都是非常成功的，但是在他那些超级成功的同行的眼中，他却显得有些黯淡。

我们很多人都经历过类似的事情。你可能在早上喝咖啡的时候登录到你最喜欢的社交媒体平台，然后得知，菲奥娜此刻正在巴哈马的阳光海滩上度假，乔治娜的女儿刚刚收到耶鲁大学的录取通知书，帕特里夏把她创办的公司卖给了谷歌（这些可能是一些极端的情况，但是读者应该能了解它们代表的含义）。看到这些，你可能会想："我的人生怎么是这个样子啊？"

换句话说，社交媒体使你的适应水平（adaptation level）发生了变化。适应水平是指你在情感上已经实现习惯化的刺激（如金钱、爱情、追随者）的水平，所以你对那些刺激的体验是中性的。在很大程度上，适应水平是由你最近的经历决定的。[11]

让我们以收入为例。如果你在过去几年里每年都可以获得大约13万美元的收入，那么当你今年再次挣到13万美元时，你不会感到特别高兴，也不会感到特别悲伤——13万美元就是你已经适应的收入水平。但是，如果你升了职，现在每年可以赚到15万美元，那么你会兴奋一阵子。然而，很快地，15万美元又会变成你的中性体验点——你的适应水平从13万美元变成了15万美元。

这里有一点特别有意思。虽然我们通常假设你的适应水平是你的直接经历的一个函数，但是它也会因你个人经历之外的因素而发生变化。其中一个因素就是你的预期。[12] 例如，考虑下面这个研究结果。许多囚犯报告说，他们在被释放之前的最后几天里会觉得特别沮丧。[13] 原因是，在那几天，他们仍然必须待在牢房里，但是在他们的心中，他们已经在高墙的另一边了。这种心理预期将他们对"正常"的看法从原来的被监禁转变为可以自由行动，但是实际上，他们仍然被关在狭窄的牢房里。这种巨大的心

3 社交媒体：如何从技术导致的昏迷中醒来

理落差可能会引发非常强烈的负面反应，以致一些囚犯在刑期结束前几个星期做出了某些不理智的决定，如试图越狱。[14]

我们认为什么是"不好的"，什么是"极好的"，什么是"还可以的"，取决于我们认为别人得到了什么。你对自己拥有的东西，比如金钱、服饰、人际关系、房产等等感到多开心，也部分取决于你认为别人拥有什么。

任何抚育过两个（或更多）孩子的人都非常清楚这种效应。假设，在一个阳光明媚的星期日早晨，你给你的女儿达丽娅两个加了枫糖浆的蓝莓煎饼，同时却只给了你的儿子塞缪尔一个，那么塞缪尔很可能会感到委屈，而且很可能比你什么都不给他时更加难过。已故的美国最高法院大法官安东宁·斯卡利亚（Antonin Scalia）就是多个孩子的父亲，他曾这样写道：

为人父母者都知道，孩子可能会接受各种专断性的实质性决定，比如下午不能看电视，晚上也不能看电视，或者任何时候都不能看电视，等等。但如果让一个孩子可以看电视的同时，却禁止其他孩子看电视，你马上就可以感觉到违背基本正义所带来的愤怒。平等保护条款是比其他宪法条款更能体现正义的条款。[15]

在这方面（以及在许多其他方面），成年人与儿童并没有太大的不同。我们天生就喜欢拿自己拥有的东西与别人拥有的东西（或我们认为别人拥有的东西）进行比较，因为这样做会激励我们追求更多东西,从而更加努力。在社会层面上,这将带来进步(这当然是好事)。但是另一方面,这也会让我们很难对我们已经拥有的东西感到满意。

自古以来,人类就一直在将自己的生活与他人的生活进行比较。你可以想象一下,你的祖先会拿他们的洞穴的大小和舒适度与邻居的洞穴进行比较。今天,这种比较已经达到了一个全新的水平。首先,我们不再简单地将自己的生活与邻居的生活进行比较,而是将自己的生活与世界各地各行各业的人的生活进行比较,包括富人和名人。其次,我们不再简单地拿自己的生活和别人的真实生活做比较,而是拿自己的生活和别人精心编辑、修饰过的生活做比较。

让我们回到鲍勃这个例子。如果没有社交媒体,鲍勃可能会觉得自己(相当优裕的)生活已经很不错了,甚至可以说非常美好。但是在浏览社交媒体之后,他的参照点发生了变化,现在他的生活似乎变得不那么美好了。特别讽刺的是,鲍勃对朋友们的生活的看法其实是不现实的。他的看法是基于他们选择发布的内容,而那是对他们生活中事件的有偏选择的结果。他们的生活其实可能并不像他们在网上发布的那么精彩。如果鲍勃的许多朋友(包括那些看起来特别成功的人士)在看到鲍勃发布的内容后对他们自己的生活感到不那么满意,我们也丝毫不会感到惊讶。

因为鲍勃已经使用社交媒体很多年了,所以他并没有完全意识到这些社交媒体对他的幸福感产生的影响。首先,他无法完全意识到脸书、照片墙、YouTube 和其他所有社交媒体如何改变了自己的预期，这就导致他一直有一种轻微的失望感。如果鲍勃一个月不使用社交媒体，他可能会像那些参与了奥尔科特的研究的人一样，说出类似这样的话："我的压力小多了……我发现我真的不太关心（网上）发生的那些事情，因为我更关注自己的生活了……我感到更满足了。总的来说，我觉得我的心情好多了。我本来以为我会希望看到每个人的日常活动……但是其实我一点儿也不想了。"[16] 不再持续关注他人后，尘埃终将散去，鲍勃自己的生活将会重新闪耀起来（或者至少看起来"足够好"，而不再是"还没达标"）。

戒断的陷阱

但是这里有一个陷阱。在奥尔科特的研究中，人们感受到的幸福感的增加确实是有代价的。那些离开了脸书的人更快乐，但是他们对政治和新闻的了解也变得更少了。他们之所以可能更快乐，部分原因是他们对当前问题的了解变得更少了。人们在脸书上接收到的那些信息——不仅是新闻，还有关于家人和朋友的信息——通常可能不会让他们更快乐，但是确实能够告诉他们想知道的事情。

其中一位退出脸书的人说，他觉得自己"被那些（在线）对话拒之门外，或者无法了解其他人在做什么、想什么……对此，我一开始一点儿也不喜欢，我觉得自己与外界的联系被切断了。"[17] 是的，你可能不会希望自己与世界的联系被切断，哪怕你最终可以变得不那么焦虑、不那么沮丧，且对自己的生活更加满意。

因此，尽管他们表示停用脸书之后会更加快乐，但是在为期一个月的实验结束后，参与奥尔科特的研究的那些人可以选择重新激活他们的账号，而且许多人确实都这样做了。这些人经历了一段没有脸书的生活，虽然这让他们更快乐了，但是随后，他们又直接回到了这个平台。也许，他们想了解他们国家正在发生的事情，即便他们了解的东西让他们悲伤、疯狂和焦虑。也许，他们担心自己会错过社交机会和其他职业机会。又或者，他们可能认为，如果一个人生活在一个无数人都在使用某个社交媒体的社会里，那么他自己也应该继续使用这个社交媒体。

然而关键在于，他们这种选择是在更加知情的情况下做出的。他们都拥有过"非常糟糕"的经历，因此他们可以对没有社交媒体的生活的收益和成本进行比较。最后，有一些人决定继续保持离线，而大多数人则决定重新使用社交媒体。

我们观察到，许多人虽然因为社交媒体上的互动而感到痛苦，但是仍然留在社交媒体上。这种情况并不罕见。我们在这里要讨论的，不只是鲍勃所遭到的那种轻微伤害，也不仅仅是了解到有些人比你更加成功。

不久前，塔利的一位朋友，我们姑且叫她米里娅姆吧，她觉得自己在推特上受到了骚扰，含泪来找塔利求助。持续不断的骚扰对米里娅姆的心理健康产生了严重影响。她无法入眠，也不能正常工作。她的自尊心受到了非常严重的伤害。塔利建议米里娅姆注销推特账号。

听到这个建议，米里娅姆难以置信地问道："注销账号？"她睁大了眼睛，显得有些惊慌失措。虽然这个平台让米里娅姆觉得很痛苦，但是在她看来，离开社交媒体，即便是几个月，也不是一个可行的选择。尽管会给她带来负面影响，但是米里娅姆每天都要登录推特好多次，因此这看起来有点儿像上瘾。

当你的某种行为（如喝酒、抽烟、吃东西、运动、发帖）让你产生持续做这种行为的冲动时——哪怕它会给你带来负面影响——你就已经上瘾了。之所以会上瘾，部分原因是不进行这种行为会导致痛苦和折磨。也就是说，当米里娅姆不在推特上的时候，她会感到焦虑；为了减轻这种焦虑，她会登录推特，但是当她看到令人不快的评论时，又会觉得心情很糟糕。在米里娅姆刚刚使用推特的那段时间，她并不会因为不能使用推特而感到痛苦。随着时间的推移，她登录推特的次数越来越多，这种痛苦慢慢地显现出来，进而形成了一个恶性循环。她可以通过登录来让自己感觉好一点儿，但是每次登录后，不登录的痛苦都会在她退出时增大。

如果你有过滥用药物的经历，或者与滥用药物的人住在一起，你可能对此已经有了非常清楚的认识。本杰明·拉什

（Benjamin Rush）是《独立宣言》的签署人之一，也是研究成瘾问题的早期专家。一位酒鬼曾经这样对他说："如果房间的某个角落里放着一桶朗姆酒，哪怕有一门大炮不断地在我和它之间发射炮弹，我也会情不自禁地从那门大炮面前走过，去拿朗姆酒喝。"[18]

经济学家则这样给上瘾下定义。如果，（1）你今天的消费增加了明天的需求（米里娅姆登录推特的次数越多，她日后就会登录得越频繁），（2）你所消费的比你希望消费的还要多（当米里娅姆退出登录时，她觉得自己的在线时间如果能短一些就好了），那么你就上瘾了。[19] 第一个条件隐含了一种滑坡效应（slippery slope）：你一旦开始摄入少量成瘾物质（无论是葡萄酒、可卡因还是其他什么东西），就会导致对它越来越多的消费。这种冲动（吸烟、吃巧克力、刷短视频）会越来越强烈。但是你猜怎么着？你的欲望对象带来的享受却不会增加。

这部分是由于习惯化。在你登录社交媒体的第一天，只要发现你发布的帖子得到了（比如说）10 个赞，你就会很兴奋甚至非常惊讶。哇，有 10 个真正的人赞赏你说的话耶！这是多么美妙的事情啊！但是到了第二天，10 个赞就可能变得不会对你的情绪有太大的影响了。你可能需要 20 个赞，甚至 50 个赞，才能获得与第一天的 10 个赞相同的情绪提升。正是因为人们对重复刺激的情绪反应较弱，所以他们需要越来越多的刺激才能达到同样的情绪高度。这也正是上瘾者有时会过量摄入成瘾物的原因之一。

第二个条件——你所消费的比你希望消费的还要多——则意味着，如果你帮助人们减少消费，那么他们真的会减少。对于社交媒体的使用时间也是如此——如果你让人们更容易做到远离社交媒体，那么很多人就真的会减少使用社交媒体。

不妨想一想你自己的行为。你想少花点儿时间在社交媒体上吗？在一项研究中[20]，研究人员要求2.2万名照片墙用户和脸书用户在手机上安装"仪表盘"（Phone Dashboard），这是一款让人们设置手机使用时间的应用程序。他们如果愿意安装，就可以使用这个应用程序。他们确实有这个意愿：将近80%的人使用了这款应用程序，结果他们使用手机的时间平均减少了16%。

这些用户说，在安装这款应用程序之后，

> - 他们使用手机的时间就不太可能超过自己的预期了；
> - 他们就不太需要用手机来分散焦虑或帮助入睡了；
> - 他们就不太可能放不下手机了；
> - 他们就不太可能因为使用手机而失眠了；
> - 他们就不太可能因为使用手机而拖延时间了；
> - 他们也不太可能无意识地使用手机了。

在这里，我们必须明确一点。我们并不是说社交媒体只有负面影响。社交媒体是一个联系、交流和分享的场所，人们可以通过它们获得知识、友谊和工作。我们想说的是，对许多人来说，比如对萨姆和肖万来说，减少对社交媒体的使用，或者以不同的方式去使用，又或者根本不使用，将会使他们的生活更加快乐、更有成就感。确实许多人都有这样的怀疑，他们可能想改变自己使用社交媒体的方式，以检验社交媒体对他们生活的影响。他们需要我们给予帮助。

重要的是质量，而不是数量

长时间看屏幕是否对身体有害，是一个有很大争议的问题。但是，我们认为相关的辩论遗漏了一些重要的东西。重要的不是屏幕使用时间的长短，而是你如何利用好这段时间。这不仅仅涉及你是选择把时间花在脸书上还是 CNN 电视上的问题，它还涉及你在消费什么类型的信息的问题。你是在浏览别人的假照片和精心编辑过的分享内容，还是在浏览有关新书或科学发现的帖子？

这里有一个可能非常重要的因素是，你是不是让自己暴露在了负面信息当中。你会不会花上几个小时的时间去阅读那些发泄愤怒的微博和贩卖焦虑的博客？在一项研究中，塔利和她的同事克里斯·凯利（Chris Kelly）试图弄清楚，人们在网络上"消费"的负面信息是不是会对他们的幸福感产生有害的影响。[21]

塔利和克里斯招募了几百名参与者，要求他们每天上网大约半小时，然后把他们的浏览记录匿名发给克里斯。这些参与者还完成了一系列心理健康状况测试。然后，克里斯从每个人浏览的网站中提取文本，并运用一个简单的算法计算出了每个网站上负面词汇所占的百分比。结果他发现，这个比例越高，人们的状况就会变得越差。

你可能会想，这里最先发生的到底是什么？是情绪较差的那些人倾向于去寻找更多的负面信息？还是那些倾向于发现更多负面信息的人最终会觉得悲伤和焦虑？为了弄清楚这一点，克里斯设法对参与者"消费"的信息进行了操纵。他让一些人浏览情绪中性的网页，让另一些人浏览充满负面词汇的网页，然后询问他们的感受。

正如你所预料的，浏览负面网页的人感觉更糟了。克里斯还操纵了他们的情绪，然后检查他们选择"消费"的信息。事实上，在克里斯引发参与者的负面情绪后，他们会浏览内容更负面的网页。这就意味着，如果你读的大部分内容是负面的，就会对你的情绪造成影响。但如果你本来就心情不好，那么你也会更倾向于"消费"大量的负面信息。

就浏览本身而言，数量不如质量重要。但是，你是谁也很重要——你对那些会引发愤怒、恐惧和焦虑的信息特别敏感吗？你是一个精神很有韧性，对负面消息的耐受能力很强的人吗？你是喜欢拿自己和别人做比较，还是喜欢专注做自己的事？不同的人会受到不同的影响。

然而，由于存在习惯化，很难评估"网络噪声"对你的生活的真正影响。要注意到恒定不变的事物的影响是非常困难的。我们可能根本不会注意到一直开着的电视造成的干扰——直到有人突然把它关掉。肖万说，在改变使用社交媒体的习惯后，他感到"惊讶的是，令他分心的事情减少了"[22]。唯一的途径就是改变你使用社交媒体的方式，或者尝试更少使用社交媒体。然后，你很可能会对接下来发生的事情感到惊讶。

4
韧性：

健康思维的关键因素

韧性是我们从生活中的挑战和不可预见的困难中恢复过来的能力，它为我们提供了防止情绪和精神障碍的心理保护。

迈克尔·鲁特

（Michael Rutter）[1]

接下来，请读者和我们一起做一个脑力练习。下面给出一个事件列表。你的任务是想象这些事件逐一发生在了你的身上。在这些事件中，有一些是令人愉快的，另一些是毁灭性的，还有一些则会带来轻微的不愉快。一些事件你以前可能已经经历过了，另一些事件你在未来可能会遇到，当然还有一些事件可能永远不会发生在你身上。

我们马上开始。

1. 你与一个伟大的国家的国王或女王坠入了爱河。你们举行了一场盛大且奢华的婚礼，然后你加入了王室。

2. 你离婚了（不是和你的王室配偶离婚，而是和你现在或未来的配偶离婚）。

> 3. 你的老板对你的工作表现不满意，让你走人。
>
> 4. 一场致命的流行病席卷了全球。你发现自己被隔离了，困在家里。你不知道这种情况会持续多久，也不知道接下来会发生什么。
>
> 5. 你参加了一场考试，得到的分数远远低于你的预期。

估计一下，如果上述每一个事件发生在你的身上，你会有什么感觉：非常糟糕，有些糟糕，还是还可以？你认为每个事件会对你的情绪产生多长时间的影响：一个小时、一天、三个月，还是十年？

我们已经拥有大多数关于此类事件的数据。我们知道要从糟糕的考试成绩、离婚、失业和致命的流行病中恢复过来通常需要多长时间。我们还有一个关于如何成为王室成员的案例研究。你很快就会发现，相关的数字既令人惊讶又很有趣。但是，我们在本章中关注的不是什么是典型的，而是什么是"非典型的"。我们将从上述事件列表中最温和的项目开始：在考试中只得到一个不太好的分数。

过度咀嚼

如果你是学生家长,那么你应该知道大多数学生都很在乎成绩。如果你自己是一名学生,你可能会在得到 A 时感到快乐,而在得到 F(或者 D、C)时感到痛苦。我们要关注的问题是,这种情况会持续多久?你的孩子(或者你自己)会被一个分数影响多久?

迈阿密大学的心理学教授阿伦·赫勒(Aaron Heller)研究了成绩对学生情绪的影响。[2] 他招募了几百名本科生,在征得他们同意之后,他整个学期都给他们发信息,随时问问他们的感受。这些学生在有些日子里感觉很好(也许他们在海滩上度过了美好的一天),在其他一些日子里则似乎有点儿悲伤(也许他们想家了)。阿伦为每个学生计算出了一个基线情绪(也就是这个学生在整个学期内的平均情绪)。

当考试季到来时,学生们登录系统接收到了他们的成绩。一些学生发现他们考得很好,而另一些学生则发现他们的成绩比预期的要低。不管怎样,他们都会立即根据阿伦提供的量表报告自己当前的情绪状态,并且在接下来的 8 个小时里每 45 分钟报告一次。

马丁和罗纳德参加了阿伦的实验。他们在考试中都得了 85 分。你可能认为 85 分已经是一个好成绩了,但是马丁和罗纳德可不这么认为。像阿伦的大多数学生一样,马丁和罗纳德很有雄心壮志：考 95 分，他们才会感到满意，因此 85 分令人失望。不过，马丁和罗纳德的基线情绪水平是不一样的。马丁通常比罗纳德更快乐。但是在获悉考试成绩后，两人都报告说，相对于他们的基线情绪水平，用 1 到 7 分的量表来衡量，他们的情绪下降了 0.5 分。

读到这里，你可能已经猜到了，这种负面影响不会持续太久。成绩公布后不久，习惯化过程就启动了，他们的情绪也随之开始回升。但是也正是在这一点上，马丁和罗纳德之间出现了差异。马丁在短短 3 个小时内就恢复到了正常的基线情绪水平，罗纳德却花了 8 个多小时才恢复过来。那么，马丁和罗纳德之间有什么不同之处，导致前者只需要后者不到一半的时间就恢复"正常"？

马丁和罗纳德年龄相仿，他们有相似的社会经济背景，而且他们都有全力支持他们的家人和朋友。他们都打算上医学院，都很在意自己的考试成绩。然而，他们有一个重要的区别：罗纳德患有抑郁症，而马丁从未有过任何精神健康问题。

阿伦发现，像罗纳德这样患有抑郁症的学生，恢复正常情绪的速度要比像马丁这样健康的学生慢很多。每个人最终都习惯了，但对于报告自己有抑郁症状的学生来说，习惯化的过程要长得多。* 这里特别有意思的一点是，一个不太好的成绩对患有抑

---

* 对于抑郁症，通常并不是将它评估为一种要么全有、要么全无的疾病，而是患者报告的抑郁症状越多，他们适应抑郁症的时间就越长。

郁症的罗纳德的最初影响，并不比对健康的马丁的影响更大。相反，抑郁症的影响是随着时间的推移显现出来的——抑郁症会对恢复的能力造成损害。问题是，为什么会这样？

一个可能的答案是反刍式沉思（rumination）。"反刍式沉思"指的是一个人在心里一遍又一遍地"咀嚼"同一个想法。就像一头牛把已经咀嚼过的食物从胃里反回来重新多次咀嚼一样，你可能会在心理上重复地面对一件消极的事情（比如一段失败的恋情，一次不成功的工作面试经历，在体育比赛中发挥失常），结果使它再次浮现在你的脑海中，并导致你再次被它困扰。

罗纳德会不停地想自己的成绩。他一直担心这样的成绩会不会影响自己进入医学院。他怀疑自己是不是不够聪明。罗纳德不仅比马丁更长时间地惦记着分数的问题，而且每次一想到这个问题，他都会夸大问题的严重性。结果是，他需要花更多的时间才能恢复正常情绪。

反刍式沉思是抑郁症患者的典型特征之一。[3]许多心理学家甚至认为这种行为会导致抑郁症。也就是说，一个人倘若无法摆脱那些关于失败、心痛或小小的失望的侵入性想法，就会导致自己患上抑郁症。马丁虽然也花一定时间思考为什么自己某次考试成绩不太好，以及下次在哪些方面可以做得更好，但是他很快就会把注意力转移到其他事情上，比如，自己和女友劳伦的晚餐吃什么、下个星期要完成的化学课题、游泳队的训练等等。对这些问题的思考，可以"挤出"不太好的成绩的影响。

我们中有人曾经问过一位情感哲学家，怎样才能不再爱

4 韧性：健康思维的关键因素

一个错误的人。她的回答是:"只有一个办法:去爱上另一个人吧。"

试着从"虫子的视角"看问题

让我们把关注的焦点从小挫折转向大挫败。在前面给出的事件列表中,第四个事件是全球性流行病。还记得2020年3月吗?我们肯定都还记得,在那段日子里,电子邮件如潮水般涌入,宣布由于新冠肺炎疫情大流行,各种场所关闭,各种活动取消。与许多人一样,我们都觉得压力重重、焦虑不安。我们收到指示,马上收拾好东西,离开我们在大学的办公室。(卡斯的助手曾问他,这是不是一种短期安排。卡斯向她保证说,很可能是这样。当然他的预测是错的。)我们计划好要参加的会议和活动全都取消了。我们的孩子的学校(他们分别在两所学校上学)也都关门了。我们"囤"了大量罐头食品(也许还"囤"了一些备用的卫生纸)。

此外我们也想知道,强制封锁和隔离是不是会让人们感到痛苦。如果这些措施严重损害了人们的心理健康,那么某些政策就可能需要重新考虑。塔利和她的两位同事,劳拉·格洛比格（Laura Globig）和巴斯蒂恩·布莱恩，决定尝试量化这种情况对人们的影响，希望能够让决策者和其他人了解潜在的危害。

为此，他们花了几个星期的时间设计了一个调查问卷，而且到 2020 年 3 月底，他们就获得了在美国人中具有代表性的大样本数据。不出所料，数据表明，人们的压力显著增大了，而幸福感则显著降低了。然而，这些变化比预期的要小。短短几个月后，他们再次对同一个样本进行了问卷调查。令人惊讶的是，受访者报告的幸福水平已经反弹到了疫情之前的水平！[4]

这项研究的结果并不是独一无二的。事实上，一项又一项的研究都揭示了人类精神所拥有的不可思议的强大韧性。[5] 虽然在每一个样本中，人们恢复过来的时间有所不同，但是在所有样本中都可以观察到某种形式的习惯化。你把人们的世界颠倒过来，你把他们隔离在家里，你用疾病和死亡威胁他们……他们都能够习惯化。从鸟瞰的角度来看，人类在这方面一直做得非常好，即便在新冠肺炎疫情期间也是如此。

但是，我们不希望仅限于鸟瞰全局。我们还想从另一个不同的视角来看这个问题。我们此刻不想关注主流，而是想关注那些落在后面的人。比如，像罗纳德这样患上心理健康疾病的人是如何应对这种挑战的？

为了回答这个问题，我们来看一下英国研究人员黛西·范库尔博士（Dr. Daisy Fancourt）的一项研究。2020 年 3 月，当新冠肺炎疫情首次暴发时，黛西立即采取了行动。像世界各地数百名行为科学家一样,她也进行了一项调查,目的是度量人们对疫情的反应。[6]她想知道人们的感受如何。他们服从封锁和隔离命令吗?他们同意政府的政策吗?她想知道他们的答案是不是取决于政治、人口、心理健康、身体健康、家庭状况等因素。

然而,与大多数研究人员不同的是,黛西设法调查了大约7万名英国人,而且在整个疫情期间每个星期都这样做。[7]甚至在疫情结束以后,她还在进行这个调查。所以,黛西拥有回答我们上面提出的问题所需的数据:有心理健康问题的人对这个新世界的适应能力有多强?

黛西的数据和阿伦的数据惊人地相似。为了说明这一点,我们不妨重点考察黛西的两个受访者的情况,她们是雪莉和韦罗妮卡。2020年3月23日,英国首相鲍里斯·约翰逊宣布英国首次全境封锁。他命令市民待在家里对抗这种致命的病毒。雪莉和韦罗妮卡都是单身母亲,她们都需要努力应对防疫措施带来的一系列挑战,包括在家上学、因无聊而不断生事的孩子,以及来自伦敦的Zoom工作电话。因此,在黛西的问卷上,她们都表示自己的生活满意度下降了。

两个星期后,当黛西再次上门拜访她们时,她们的情况都有所好转。然而,不同的是,韦罗妮卡只是稍微好转了一点儿,而雪莉却好转了很多。那么,韦罗妮卡和雪莉有什么不同呢?

正如你已经猜到的,她们两人的精神健康史有所不同。早在疫情暴发之前,韦罗妮卡就被诊断出有心理健康方面的疾病。雪莉则从未经历过任何严重的心理健康问题。黛西的数据表明,那些以前就存在精神健康问题的人特别难以适应"疫情生活"。在疫情暴发之初，疫情对所有人的生活满意度的影响都是差不多的，无论每个人的精神健康史如何。最大的差异出现在封控开始后不久。像雪莉这样从未被诊断出患有精神健康方面疾病的人，在英国首相首次宣布全国进入紧急状态两个星期后，他们的生活满意度就大幅回升了。相比之下，像韦罗妮卡这样患有精神健康方面疾病的人，生活满意度只有轻微的好转。

我们无法确切地知道，为什么雪莉的幸福指数在短短两个星期之内就上升了那么多，但是我们可以给出一个相当有根据的猜测。首先，雪莉可能改变了她的环境，创造了一个"流行病友好型环境"。也许，她重新布置了她的家，让她和她的孩子们住得更舒适。塔利和她的同事们发现，大多数人报告说，他们的生活条件在疫情暴发之后得到了改善，因为他们对自己的物理环境做出了一些适应性的改变。也许，雪莉制定了一个适合她的新时间表，并学会了熟练使用Zoom视频会议软件、谷歌教室以及其他在家工作和学习所需的工具。也许，她设计了一些有趣的居家活动来吸引家人参与。（例如，一个很有意思的现象：在疫情期间，"如何制作香蕉面包""如何制作鸡尾酒"这样的问题的搜索量激增。）也许，雪莉的脑子里不再想着最坏的情况了。

这类适应性反应对雪莉来说都不罕见。她在离婚后以及几年前失去上一份工作时，都有过类似的反应。平均而言，一个人需要两年左右的时间来适应生活中的重大变化，比如离婚。在那之

后，人们通常能够重新回到幸福的基线水平。⁸

至于韦罗妮卡，她最终也做出了一些改变，以适应政府的疫情防控措施，但是她适应得太慢了，结果导致她痛苦了更长时间。直到2020年6月，当学校和商店终于重新开放时，太阳从乌云后面重新露出了脸，她的幸福感才开始有明显的回升。

我们不知道韦罗妮卡当初为什么会患上心理健康方面的疾病，但是我们还是可以大胆地猜测一下。大量研究表明，这种疾病一般是先天与后天因素结合的产物。⁹ 也就是说，某些人对压力源（如流行病、离婚、不太好的成绩等）具有遗传敏感性。当他们经历逆境时（如失去了所爱的人），就会产生强烈的反应，导致一系列症状。

因此在动荡不安的时期，支持韦罗妮卡和其他像她一样的人的一个方法就是，给他们分配更大的资源"蛋糕"。在新冠肺炎疫情期间，世界各国政府通过刺激消费支出、提供税收优惠和发放儿童保育券等措施帮助本国公民。在决定如何分配这些资源时，必须考虑收入和婚姻状况等各种因素。例如，在英国，学校在封锁期间仍然部分开放，以便继续为关键防疫工作人员的子女提供服务。

黛西的数据以及其他类似研究的数据表明，在分配资源时要考虑的一个关键因素是精神健康史，因为那些本来就面对精神健康挑战的人很难习惯化和适应。

日本皇后与大流行后焦虑

许多人发现，随着新冠肺炎疫情的缓解，自己并没有感到快乐，反而感到焦虑。这很令人困惑。这种情绪是如此普遍，以至于精神病学家创造了一个新名词来描述它：大流行后焦虑（post-pandemic anxiety），即因为想到即将回归"正常生活"这个前景时所经历的焦虑。[10]许多人以前无法想象自己会在家里待这么长时间，部分原因是他们对在办公室里工作已经习惯化了；现在，他们几乎无法想象在办公室工作，部分原因当然也是他们对居家工作已经习惯化了。

在疫情期间，我们都习惯了在四堵墙内度过醒着的时间，习惯了最多与少数几个人互动。通勤、聚会、旅行和在餐馆吃饭，在疫情期间都成为过去式。许多以前看起来毫不费力的活动，比如每天早上起床、把舒适的运动裤换成深蓝色的西装，现在都会令人们觉得压力重重。我们曾经满怀期待的那些事情，比如去度假或者听音乐会，突然之间都变得不可实现了。我们花了几个月的时间终于实现了对"疫情生活"的习惯化，并适应了新的常规和预期。然后，疫情结束了，必须重新做出改变的前景再次让人们充满恐惧。毫无疑问，改变是非常困难的，因为它会让我们感觉到好像我们正在失去控制权；即便在改变看起来很可取的时候，也是如此。

以日本皇后小和田雅子的经历为例。[11]1986年，23岁的法律系学生小和田雅子参加了日本官方为西班牙卢戈公爵夫人举行的一场茶话会。那场活动永远地改变了雅子的人生轨迹。当时的日本德仁亲王也出席了这场活动。这是一个发生在现实生活中的童话故事！亲王立刻被聪明的雅子迷住了，两人坠入了爱河，最后步入了婚姻的殿堂。

很显然，任何一个女子嫁入皇室，她的生活都会发生彻底的变化。雅子当然也是这样。在来到东京学习法律之前，雅子在马萨诸塞州上了高中和大学。她发现，要"摆脱"美国的现代生活方式，适应日本皇室的古老传统，是一件极其困难的事情。而且，出现在公众视野中也给她带来了更大的压力。她必须做出更大的调整。

有些人可能有能力适应雅子所面临的这种处境，但是雅子却没有做到。最终，雅子被诊断出患上了一种被称为适应障碍的疾病。大约12%的人会遭受这种疾病的折磨。一个人如果患上了适应障碍，在面对生活中的重大变化时（无论这些变化是好还是坏），就会经历悲伤、绝望，以及深感完全不知所措。[12] 而且具有讽刺意味的是，即便是非常正面的事件，如获得了一份理想的新工作、经过长期努力战胜了癌症、找到了真爱，也都可能引发适应障碍。

尽管雅子成为皇室成员已经有30多年，但她一直没有康复。虽然无法适应是适应障碍的决定性特征，但它也几乎是所有精神健康问题的特征。这种失败有不同的面具，会产生各种各样的症状，但基本问题是各种心理健康状况共有的。

一步一步来

我们在上面已经看到了，有心理健康问题的人，比如罗纳德、韦罗妮卡和雅子皇后，在适应生活变化（无论是好的还是坏的变化，比如全球性流行病或皇室世纪婚礼）、面对比较重要的事件（比如得到一个很不好的成绩）等方面，都会经历一段特别艰难的时期。但是，情绪上对正面和负面事件的习惯化，并不是让这些有心理健康问题的人崩溃的唯一东西。在他们身上，还有许多其他形式的习惯化也以失败告终。

请考虑下面的例子。你可能还记得，我们在前面的章节中指出过，当你的大脑感知到一个持续的刺激时，随着时间的推移，大脑对该刺激的反应会越来越小。一般来说，这是一件好事，因为通过忽略那些不会改变的事物，大脑可以腾出资源来关注后续可能发生的有潜在重大意义的事件。

不妨先来考虑面孔。当你看到一张受惊的脸时，你的大脑就会做出反应。总的来说，面部表情，尤其是那些表达情感的面部表情，是很明显的。它们通常包含重要的信息。这张面孔背后的那个人是生气还是高兴？是伤心还是完全无动于衷？仅仅一张面孔就可能引发一系列需要回答的问题：这个人为什么害怕？我会不会也正面临危险？

因此，你的大脑会做出强烈的反应是非常合理的，惊恐的面孔表明你眼前发生了某件重要的事情。然而，如果同一张面孔在几秒钟后再次出现,你的神经活动就会减弱;如果再下一次又出现了,反应还会进一步减弱。[13]这是因为,一旦信息得到了处理,就没有理由再做出强烈反应了。但是精神分裂症患者却无法实现习惯化。他们会一遍又一遍地观察同一张充满了某种情绪的脸,而且每次他们的大脑都会做出与之前一样强烈的反应。[14]这就好像他们的大脑每次都要从头开始处理信息一样。

不仅仅对面孔是如此。在大脑对一系列其他刺激的反应中,我们也可以观察到类似的现象。[15]患有精神分裂症的人也很难忽视持续不断的声音,比如街头的嘈杂声或办公室内的背景噪声。与大多数人不同,对于反复出现的听觉刺激(如喋喋不休的说话声,或者响个不停的警报声),患有精神分裂症的人听觉皮质中的神经元的反应,不会随着时间的推移而降低,这就使得他们很难集中注意力。

所有这些都表明,习惯化对于良好的心理功能至关重要。我们在平时做事时不会特地停下来思考大脑中的神经元的这一重要特征,但是这种能力一旦受损,一系列问题就会随之出现,包括抑郁症、精神分裂症、恐惧症等各种精神疾病。

例如,我们有一位同事莉娜就非常害怕鸟。鸽子、蓝鸟、蜂鸟……所有的鸟她都害怕。当这些小动物朝她的方向飞来时,她会惊恐地尖叫着飞速跑开。恐鸟症是她唯一的问题,它也确实是个问题。莉娜自己怀疑,病根是她小时候看希区柯克的经典电影《群鸟》时落下的。从很小的时候起,暴力的鸟类袭击蒂比·海德莉和罗德·泰勒的画面就永远印在她的脑海里了。

虽然恐鸟症患者相对于普通人来说是罕见的，但是"恐鸟"这种现象肯定足够"常见"，不然不会存在"恐鸟症"这个专门的名称。而且许多名人也与莉娜一样有恐鸟症，包括露西尔·鲍尔、英格玛·伯格曼、斯嘉丽·约翰逊和大卫·贝克汉姆。[16] 与所有的心理健康问题一样，恐鸟症意味着对名利的某种"抗拒"。

莉娜做了大多数患有恐鸟症的人都会做的一件事情——她尽最大努力避免接触恐惧的来源。她住在伦敦，但是远离特拉法加广场，因为在那里你总是可以看到数以百计的追逐食物的鸽子。自患上恐鸟症后，她再也没去抓过鸟，当然更加不会想去再看一遍希区柯克那部经典的恐怖电影。

然而这就是问题所在。正因为莉娜总是避免近距离接触任何鸟类，因此她几乎没有机会实现对鸟类的习惯化。要实现习惯化，你需要一次又一次地直面恐惧的源头，无论它是鸟、高处、蜘蛛还是公开演讲。只要不会发生灾难性的事情（比如一只鸟把你的眼珠啄出来了，或者讲台下面有人向你扔石头），你的恐惧就会随着时间的推移而消退，这样当你想到或确实遇到恐惧的对象时，你才会感到较少的压力。

因此，关键就在于那些患上恐鸟症的人会千方百计地避开恐惧的源头。（有些抑郁症患者也采用了同样的策略。他们倾向于避免任何可能会导致失望或引发焦虑的情况，比如参与社交活动或主动求职。）而这种做法通常会影响他们的日常生活。当然，这恰恰正是"暴露疗法"（exposure therapy）大显身手的时候。[17] 暴露疗法是对抗恐惧症和强迫症（通常也包括细菌恐惧症）最常见的治疗方法。这种治疗的目的就是让你接触到让你害怕的东西，从而实现习惯化。关键是要适当控制"暴露"的程度，这样才能循序渐进——要一步一步来，一次只接触一只鸟——而且要在一个让人觉得安全的环境中进行。

对莉娜来说，这可能意味着首先要反复观看鸟类视频，直到不再产生强烈的恐惧为止。接下来，莉娜可能需要尝试和一只关在笼子里的鸟待在同一个房间里。一旦她完成了这个挑战，她可以尝试靠近另一个人抱着的一只鸟……以此类推。一小步一小步地，直到她最终能神色自如地抚摸一只鸟为止。

在莉娜这个例子中，重建习惯化对于克服恐鸟症至关重要。而在罗纳德的例子中，重建习惯化对于克服抑郁症至关重要。对许多与莉娜和罗纳德有类似心理问题的人来说，如下一般原则无疑是正确的：一个人如果不能迅速地对他人、声音和事物习惯化，那么他就会感到害怕和无助。然而，正如我们即将看到的，虽然无法习惯化在某些人那里会导致心理健康问题，但是在另一些人那里，它却可以带来创造力和惊人的创新思维。

LOOK AGAIN

第二部分
思考与信念

5
创造力:

克服思维的习惯化

没有变化,就没有创新、创造,就没有改进的动力。

C. 威廉·波拉德

(C. William Pollard)[1]

在十几岁的时候，迪克·福斯伯里觉得自己是个失败者。当时，他是俄勒冈州梅德福高中的一名学生。福斯伯里很喜欢运动，但是并不十分擅长。在高中时，他渴望加入足球队，却被告知他的体形太小了。于是他又尝试申请加入篮球队，但是又被告知他的技术不够熟练。然后，他加入了田径队，但是他在那里也很难找到属于自己的位置。他最终选择了跳高，但是从来没能越过1.5米高的横杆——那是许多高中的田径比赛参赛资格的最低要求。福斯伯里知道他必须做出改变，用他自己的话来说："首先，要停止失败；其次，要留在运动队里。"[2]

如果你看过今天的跳高比赛，你就会发现运动员是沿着一条J形路线跑向横杆，然后背对着横杆面朝天空一跃而过的。这种跳高技术被称为"福斯伯里背跃式跳高法"，是以它的发明者迪克·福斯伯里的名字命名的。但是，在20世纪60年代早期，当福斯伯里还在上高中的时候，所有的跳高运动员都是面朝前跳的。³ 在那个时代，跳高就是那个样子的，从来没有人想过要换一种跳法。直到福斯伯里出现，发明了背跃式跳法。

人们对福斯伯里冷嘲热讽。他们认为背跃式无比荒谬，说他肯定会摔断脖子。他当时的队友弗兰克·托斯说："我认为没有多少人把他当回事。"⁴ 从来没有人像他那样跳高。

但是福斯伯里笑到了最后。1968年，他在奥运会跳高比赛中获得了金牌。他的一位大学朋友说："每个人都在谈论变革，但是几乎所有人都有一种近乎抄袭的从众心理；一个人留起了长发，于是其他人都留了长发。但是他确实与众不同。迪克·福斯伯里是我见过的唯一真正的变革者。"⁵

当你观察到人们一遍又一遍地以同样的方式做同一件事情时，你的大脑就会停止记录他们的行为，即大脑停止做出反应。在某种意义上，这时你就完成了习惯化。于是，你会预期到，人们开车时坐在前排，不开车时坐在后排；脚上穿鞋，手上戴手套；用勺子吃冰激凌，而不是用叉子。所以，当人们做这些事情的时候，你的大脑就没有什么需要处理的。也就是说，你的大脑中不会出现表示"惊讶"的信号来吸引你的注意力——这种信号会让你想到："嘿，也许我们可以用不同的方法来做事。"

但是，偶尔也会有人质疑：我们一直以来的做事方式是不是唯一的、最好的方式？有人可能会想："嘿，也许人类可以在空中飞行，而不仅仅是在地面上行走？"或者，"嘿，也许书可以在网上出售，而不仅仅在实体店出售？"又或者，"嘿，也许你面朝后比面朝前跳得更高?"那么问题来了:是什么让某些人解除了对现状的习惯化,并最终进行创新?

显然,部分原因在于需求。如果福斯伯里很擅长面朝前的跳高方法,他可能就不会去思考"背跃式"跳高技术了。但是,福斯伯里无法用当时标准的跳高动作取得好成绩。幸运的是,他的挫折感与雄心壮志结合在了一起,这是促使他思考自己是不是可以使用,以及如何才能使用与众不同的跳高技术的关键。从某种意义上说,福斯伯里的跳高失败导致了背跃式技术的出现。但是,需求仅仅是个开始,仅有需求还远远不够。

早在福斯伯里发明革命性的背跃式跳高技术之前,20世纪60年代初就出现了跳高运动的变革。首先,尽管当时所有运动员都是面向前跳跃的,但是他们已经开始使用两种不同的技术:跨越式和剪刀式。这两种跳高技术之间存在很大的区别。[6] 同一技术存在不同的变体这个事实本身就表明,可能有不止一种解决方案。其次,跳高运动员的运动环境也在发生变化。原有让运动员落地的沙子和木屑,开始用约1米高的软泡沫橡胶取代。新出现的更柔软的着地防护垫,使得跳高运动员可以在不受伤的情况下仰面着地。

这些正是福斯伯里的新技术所需要的。但是,除了这种实际防护作用,可能是着地防护垫的变化本身,鼓励福斯伯里以不同的方式思考跳高技术。

变化是怎样启动的

那么，一个小小的改变，比如跳高运动中新出现的着地防护垫，是如何促进创新思维的？实验研究表明，即便是很小的变化也有可能引发去习惯化，因为变化本身就发出了需要我们去驾驭新环境的信号，因此人们更有可能启动对现状的重新思考。例如，当人们搬到一个新的国家后，他们更善于解决创造性的谜题。[7]一般推测，这是因为应对全新的环境增大了他们的思维灵活性。这种心理转变可以推广到生活的方方面面，包括解谜。

但是，你其实不需要移居到另一个国家才能享受到创造力的提升。只要有适度的改变，比如在电脑前坐了一段时间后去跑一会儿步，就很有帮助。有大量文献将体育活动与创造性思维联系起来。*[8]大多数人以为体育锻炼之所以可以提高创造力，是因为它可以改善情绪，但是事实并非完全如此。

凯利·梅因（Kelly Main）领导的一系列实验[9]表明，人们正在进行的活动本身的变化（例如，从坐着变为走动，或者从走动变为坐着），就可以增强创造性思维，因为这种变化能够让大脑为进一步的变化做好准备。为了测量创造性思维，凯利要求志愿者选择完成两项任务中的某一项。在其中一项任务中，志愿者们

---

* 请注意，虽然对相关文献的综合分析表明，两者之间存在相关性，但是从量上看，这种效应是很小的。

会分到三个单词，并被要求找出第四个单词，这个单词可以与那三个单词中的每一个结合起来，构成一个复合短语。例如，假设我们给你"cup"（杯子）、"fingers"（手指）和"peanut"（花生）这三个单词，那么你可以回答"butter"（黄油），因为"butter"与那三个单词可以组成"buttercup"（毛茛）、"butterfingers"（常掉落东西的人）和"peanut butter"（花生酱）三个复合词。

下面给出更多的例子，供你尝试：

1. sense, courtesy, place
2. political, surprise, line
3. dream, break, light
4. flake, mobile, cone
5. river, note, account*

这项任务完成得非常好的那些人，在其他创造力测试中通常也可以得到更高的分数。但是，凯利和她的研究团队并没有仅仅依靠这项任务来衡量创造力。他们还要求志愿者想出家居用品的不寻常用途。例如，请试着想想卷纸用完后的空卷轴有哪些不寻常的用途。也许，你可以在靴子里插入一个卷轴，这样靴子在保存的时候就可以保持形状；或者你可以用卷轴来存放橡皮筋。能够想出更多

* 如果你对与这几组单词相对应的常见答案感兴趣，那么我们可以给出参考答案：1. common，2. party，3. day，4. snow，5. bank。

不寻常用途的人在其他创造性任务中往往也得分更高。

凯利的实验的关键在于，参与的志愿者分成了两组，一组在完成任务时是一直坐着的，另一组则要从坐着变成走动，然后再回到坐着。凯利发现，总是坐着的那组志愿者能够想出来的不寻常的用途和复合词更少。她在不同的志愿者群体中重复了三次，都得到了这个结果。更有意思的是，她还发现，在人们刚刚开始走动和坐下后不久，创造力的提升最为显著。这表明改变本身可能会增进创造性思维。[10]

发人深省的是，随着时间的推移，当志愿者习惯了他们的环境时，创造力的提升就会减弱。也就是说，由坐着变为走动一开始能够提高创造力，但随着人们继续走动，他们就习惯了，创造力就会随之减弱。平均而言，人们走动起来后，创造性思维的提升可以持续大约6分钟；而一旦人们坐下来，创造性思维就会再次提升，然后再一次在习惯化（这次是对坐着习惯化）开始后逐渐消退。[11]

这还不是全部。仅仅对变化进行预测就足以激发创造性思维。当志愿者被告知，他们的活动很快就会有所改变时，研究人员观察到他们的创造力得分提高了。凯利和她的研究团队认为，这是因为当人们预期将发生变化时，他们的大脑会准备好以不同的方式处理信息，从而让思维更灵活。[12]

这里需要注意的是，凯利和她的研究团队发现的效应相对来说是比较小的。然而，即便是创造力的小幅提升，也可能帮助我们更加接近那个难以捉摸的创新思维的"尤里卡时刻"。因此，离开你的椅子，去散散步或慢跑一下，可能是个好主意。或者，偶尔换一下工作环境。从办公室换到厨房，再换到咖啡店，然后再回来，这种简单的改变也可能奏效。

放慢习惯化

好的，凯利的研究表明，做出改变能够增进创造性思维，而习惯化则会减弱创造性思维。那么，习惯化越慢的人就越有创造力吗？写过大量关于创造力的论著的心理学家谢莉·卡森（Shelley Carson）认为，很可能确实如此。[13] 缓慢的习惯化可能会帮助一个人看到别人不再去做的事情，从而发现改进的机会。

大多数人很快就会对接下来会发生什么、何时发生、为什么发生、如何发生形成自己的预期。他们很快就能对周围的世界形成一个心理模型。但是，如果你对事情应该如何演变少做一些假设，你就可能会对新的可能性持一种更加开放的态度。此前，许多学者已经提出过这种观点的多个不同变体，但是都没有得到适当的检验。因此，谢莉和她的同事们决定完成这项工作。

谢莉的研究第一步是，找到一群她称之为"获得了杰出的创造性成就"的人。这些人在各个创造性领域中做出了重大贡献——例如，获得了发明专利或出版了一本著作，展出了自己的艺术作品，或者售出了音乐作品，又或者因科学发现或其他类似成就获得了国家颁发的奖项。她将这些有杰出创造性成就的人作为一组，与由普通人组成的另一组进行比较。

接下来，谢莉给这两组人都布置了一项任务来衡量他们的习惯化速度。为了更好地描述这项任务，请先考虑以下场景。想象你接受了我们的建议去跑步。你喜欢在慢跑的时候听音乐，所以你戴上了耳机，开始播放"起床运动"的歌曲列表。为了监测你跑步的速度和距离，你还使用了一个跑步应用程序。

每隔 5 分钟，音乐的音量就会调低一档，同时有一个单调的声音会告诉你类似这样的信息："距离：4.6 英里；平均速度：每英里 9 分 32 秒。"这种情况一次又一次地发生。报告的距离每 5 分钟改变一次，平均速度也可能发生改变，但是应用程序报告时的声调是完全一样的，语气是完全一样的，句子的结构也是完全一样的。由于这种重复性，许多人会停止对信息的关注。这样，他们的大脑过滤掉了高度可预测的声音，因而也无法记录准确的距离和速度。

谢莉并没有要求人们使用跑步应用程序，但是她采用的任务原则上与上面的场景相似。

首先，她一遍又一遍地给志愿者播放同样的声音。由于习惯化，在重复了几次之后，大多数人的大脑就停止处理这种声音了，就像它们可能会停止记录跑步应用程序产生的声音一样。接下来，谢莉引入了一个转折。为了描述这个转折，请再想象一下当你慢跑时，你遇到了你的朋友乔琳。乔琳也在跑步，于是你们决定一起慢跑。

由于乔琳没有使用跑步应用程序，所以你承诺每5分钟和她分享一次你的平均速度。但是由于你的大脑一直在过滤跑步应用程序的声音，所以你可能无法及时向乔琳报告速度。如果你是一个"快速习惯化者"，你将做得更糟；如果你是一个"缓慢习惯化者"，你应该可以做得更好一些。

谢莉引入的转折在原则上是相似的。她向志愿者展示了这些声音和若干简单的图像（比如，一个黄色的圆圈），并观察他们是不是能够学会在声音与图像之间建立联系。也就是说，志愿者必须弄清楚哪个声音是和哪个图像、按什么顺序配对的。谢莉让一些志愿者（包括"有创造性成就的人"和"没有创造性成就的人"）在没有预先接触过那些声音的情况下解决这个连接问题，同时让另一些志愿者（同样包括"有创造性成就的人"和"没有创造性成就的人"）先完成习惯化任务再来解决这个连接问题。通过比较预先接触过声音的"有创造性成就的人"与没有预先接触到声音的"有创造性成就的人"的表现，谢莉可以衡量习惯化对"有创造性成就的人"的影响。她对那些"没有创造性成就的人"也进行了同样的比较。

谢莉发现，"有创造性成就的人"受重复的影响比"没有创造性成就的人"小。也就是说，尽管重复听到了同样的声音，"有创造性成就的人"仍然能够集中注意力并确实注意到了这些声音，因而足以完成连接任务。[14]

这是否意味着"有创造性成就的人"的习惯化过程更加缓

慢？又或者，他们是不是在需要的时候能够更快地实现去习惯化？又或者两者兼而有之？谢莉的研究并不能直接回答这些问题。但是其他一些科学家直接研究了生理上的习惯化，结果发现更有创造力的人对声音确实表现出了更少的生理上的习惯化（这是通过皮肤电导反应来测量的）。[15] 由此可见，习惯化的"失败"确实可能与创新思维有关。

在上一章中，我们讨论了一些研究，发现有心理健康问题的人无法顺利实现对环境的习惯化，患精神分裂症的人对声音的习惯化也非常缓慢。谢莉由此认为，某些人身上的缺陷，在另一些人身上可能会成为优势。无法过滤掉看似无关的信息，会导致各种各样的困难（比如无法集中注意力）。但是这也可能为大脑提供更大范围的信息，让大脑去优化然后重新组合成不同寻常的原创性想法。谢莉认为，后者在那些高智商的人身上表现得尤其明显。[16] 因此，给一个聪明的头脑随机提供一些看似无关的信息，偶尔可能会导致出现一个绝妙的新想法。

摆脱常规

我们现在无法确切地知道福斯伯里是不是习惯化很缓慢的

人,但是我们确实知道他能接触到不同寻常的信息组合,这对他的创新至关重要。福斯伯里成功的一个关键是,他除了是一名运动员,还是一名工程专业的学生。他掌握了大量力学知识,这使他有能力完善背跃式跳高技术。

在两年多的时间里,福斯伯里将工程理论与身体运动实践相结合,慢慢地发明并完善了这种不寻常的跳高技术。首先,福斯伯里发现,如果拱起背部,那么当他的身体横移过横杆时,他的重心仍然可以保持在横杆以下。其次,他完全改变了跳高运动员"面对"横杆的方式。他没有像其他跳高运动员那样向前冲刺,而是朝着对角线冲刺。另外,其他跳高运动员不管横杆高度如何都在同一地点起跳,福斯伯里则是横杆升得越高,起跳点离横杆越远。这个技巧延长了他的"飞行时间",对他的成功至关重要。

这与当时的"正常情况"有极大的不同。当时大多数跳高运动员的起跳点距离横杆只有大约30厘米,但是福斯伯里的起跳点距离横杆最远可达1.2米。许多教练认为福斯伯里肯定疯了。他的一位高中教练告诉另一位教练:"他永远不会成为一名成功的跳高运动员,除非他放弃这种可怕的玩意儿。如果我们教他跨越式,也许他能在区里为我们取得一个名次。但是,如果他还是用他自己的技术,是不可能取得名次的。"[17]

在很大程度上,新的思维方式和真正的创意往往来自某种意义上的局外人,即那些拥有与该领域其他人不同的知识或技能的人。例如,在法学领域,过去50年来许多最具创造性的研究都出自经济学家之手。受过经济学训练的律师和对法律感兴趣的经济学家都问过这样一个问题："如果我们从经济学的角度来看待法律，我们的想法会有什么不同？"当然，这个问题不会为提问者带来福斯伯里的背跃式跳高技术，但是它确实为罗纳德·科斯（Ronald Coase）赢得了1991年的诺贝尔经济学奖。

而在经济学领域，过去50年来一些最具创造性的工作来自心理学领域的专家。对心理学感兴趣的经济学家和对经济学感兴趣的心理学家都问过："如果我们从心理学的角度看待经济问题，我们可以得到什么不同的结果？"这个问题为心理学家丹尼尔·卡尼曼（Daniel Kahneman）赢得了2002年的诺贝尔经济学奖，为罗伯特·席勒（Robert Shiller）赢得了2013年的诺贝尔经济学奖，为理查德·塞勒（Richard Thaler）赢得了2017年的诺贝尔经济学奖。

塞勒可能是行为经济学家中最具开创性的一位，在一定意义上可以将他比作社会科学界的迪克·福斯伯里。塞勒的数学基础不是特别好，所以他刚进入经济学界时的职业前景似乎也不是特别乐观，用他自己的话来说："我只是一个普通的经济学家，前途平平。"但是在32岁那一年，塞勒说了这样一句话："我下定了决心，无论发生什么，我都要探索将心理学与经济学结合起来的可能性。"[18]这个信念最终引导他发现了很多新的东西。在许多行业，我们普通人当中都隐藏着无数福斯伯里和塞勒，他们从意想不到的角度将新思想注入那些停滞不前的领域，即人们早就已经习以为常的领域。

事实上，我们都经历过这种情况——我们的大脑日复一日地做着同样的事情。诗人、小说家、艺术家、生物学家、工程师、建筑师和音乐家，都是如此。历史学家和编剧也是如此。运动员是如此，商界和政界人士也是如此。

卡斯当过美国总统的顾问，因此他完全有资格说，官僚们通常都是墨守成规的。那些日复一日、年复一年地从事同一份工作的公务员，往往在工作上表现出色且有非常高的专业素质，但是他们往往很难想象以不同的方式做事。因为他们早就对特定的操作方式习惯化了，因此他们认为长期存在的模式和惯例是理所当然的。这不仅是由于风险厌恶，也是由于他们甚至完全没有考虑过自己能够承担什么风险。

同样的事情也经常发生在商业领域。有些非常成功的公司会继续沿着它们已经走了一段时间的老路走下去，从而陷入窠臼。在这种情况下，去习惯化通常是由新进入者引发的，他们能够向组织注入新的想法，这并不是因为他们天生更加聪明或更有创造力，而是因为他们还没有适应通常的模式。他们还没有掌握"一贯的"做事方法，因而往往会从"侧面"或从"远处"看待问题，或者从非常不同的起点看待问题。

但是，灵活的思维方式并不一定只能来自新进入者。就像凯利·梅因和她的同事在研究中发现的那样，组织可以通过对常规和环境进行微小的改变来增进创造性思维。例如，组织可以改变员工的物理环境，鼓励员工到与自己原本所属领域非常不同的领域接受培训，创建由具有不同专业知识背景的成员组成的多元化团队，或者要求员工在不同类型的工作职位上轮岗。这最终可能会表现为在不同部门或领域之间的某种跳跃。

问题在于，在很多情况下，行业中的其他领域还没有为创新做好准备。例如，大多数跳高运动员在最开始的时候都对福斯伯里的背跃式跳高技术持怀疑态度，并试图说服他继续与标准技术保持一致。但是，在1968年奥运会的美国选拔赛期间，一切都变得不同了。在运用他不同寻常的新技术后，福斯伯里取得了相当好的成绩，但是当横杆提高到2.2米的高度时，他仍然只排在第四名。他必须至少获得第三名才能进入奥运代表队。福斯伯里的竞争对手之一埃德·卡鲁瑟斯在第一次试跳时就越过了横杆。另一位竞争对手雷纳尔多·布朗也成功了。不过，在此之前一直领先的约翰·哈特菲尔德却三次试跳都失败了。为了获得参加1968年墨西哥城奥运会的资格，福斯伯里必须越过这道2.2米高的横杆。他做到了。[19]

然后，他创造了历史。福斯伯里参加了1968年奥运会的跳高比赛，他不仅赢得了金牌，而且以2.24米的成绩创造了奥运会纪录。他不仅跳得更高，而且跳得与众不同。一旦福斯伯里向全世界证明了他的技术的优越性，这个领域就快速发展起来。到1972年奥运会时，参赛的40名跳高运动员中有28名使用了福斯伯里发明的背跃式跳高技术。[20]

然而这样一来，福斯伯里本人就失去了优势。他成功的秘诀不在于他的肌肉或速度，而在于他的新创意。因此，一旦他的创新技术被所有人掌握，那些身体素质更好、能力更强的人就会取代他登上领奖台。福斯伯里没能参加第二次奥运会，但是他的发明确实非常成功。今天，跳高运动员采用背跃式技术已经成了一种常态——对此，这项运动的粉丝们都已经习惯化了。

1988年，在福斯伯里获得奥运金牌20年后，一名高中教练为了好玩，示范了曾经在这项运动中占据很长时间统治地位的跨越式跳高法。他的一名跳高运动员对此回应道："这到底是什么玩意儿啊？"另一名跳高运动员则大喊道："这种跳法实在太蠢了！"[21]

在跳高以及其他领域，现在一个有趣的问题是：下一个像背跃式跳高技术这样的创新将会是什么？

6

说谎：

如何保证你的孩子不会长出一个长鼻子

一开始，你只是拿走一点点，也许是几百美元，也许是几千美元。慢慢地，你就会觉得心安理得了。在你意识到之前，它就像滚雪球一样变成了一件了不得的大事。

———

伯纳德·麦道夫

(Bernard Madoff) [1]

塔利有一个儿子,名叫利奥。在利奥出生后三个星期的时候,塔利带他去了急诊室。"他几乎从来不哭,整个晚上都在睡觉!"塔利困惑地向医生解释道。但是医生似乎一点儿也不紧张。塔利试着向医生解释为什么要来医院,"作为一个婴儿,他不应该这么安静啊,"她对医生说,"他的姐姐过去就经常整夜整夜地哭闹。"

好心的医生虽然还有其他急诊病人要处理,但是为了让塔利放心,还是给利奥做了检查。首先,医生给他量了体温,听了心跳,结果一切都正常。接着,她查看了他的瞳孔,发现它们的大小和形状都很完美。然后,她又检查了他的听力和莫罗反射,一切都非常正常。

"他就是一个快乐的婴儿,一个睡得很好的小宝宝,"医生最后总结道,"他这么安静,是你的幸运,你要珍惜啊。"

然后,塔利就这么做了。

6年后的今天，利奥依然每天晚上都愿意快乐地早早上床睡觉——不过前提是，他的姐姐利维娅也要如此，因为一想到姐姐可以在自己睡觉的时候玩，他就受不了。然而，利维娅却不需要那么多的睡眠。那么该怎么办呢？

一个选择是，让利维娅假装去睡觉，然后允许她在弟弟睡着后再起来玩。但是，这怎么说也是一个小小的谎言，如果日复一日地不断重复，会不会最终导致利维娅成为一个说起谎来眼都不会眨一下的人呢？塔利如果这样做，会不会在无意中引发某种深层的心理过程，从而略微增大利维娅成为下一个女骗子伊丽莎白·霍姆斯的机会？如果塔利打算培养一个诚实的孩子，她是不是应该担心那些看似无害的小小谎言呢？[2]

要回答这个问题，不妨先来考虑一下塔利童年时的一个朋友乔纳的经历。乔纳是一个很有才华、聪明伶俐、讨人喜爱、自信坚强的孩子。然而，他还有一个不寻常的特征，让他感到有些不安：他出生时右脚就没有小趾。乔纳担心其他孩子会嘲笑他只有9个脚趾而不是10个，所以他一直不显露自己的这个异常特征。

当然这很不容易。因为在内盖夫沙漠的中心地带，也就是塔利长大的那个地方，人们一年有200多天穿着凉鞋（一直从4月穿到10月），而且放学后最受学生欢迎的去处是社区游泳池。乔纳几乎每天都不得不为自己总是穿着厚鞋子找借口。例如，他可能会说："我今天不能去游泳池游泳了，因为我感冒流鼻涕了。"他也说过："我家的猫咬坏了我的人字拖。"

就这样，说谎成了乔纳的第二大特征。随着时间的推移，他编造并讲述了越来越多的故事，而且这些故事全都与他右脚小趾无关。只要他能想出一个借口让自己摆脱必须露出脚趾头的尴尬，他马上就会拿这个借口来说事。每当一个经过修饰的故事能帮助他更好地掩盖事实，他就会接受这个故事。我们大多数人可能只是偶尔撒一下谎，但是对乔纳来说，说这种小小的谎言已经成了一种无意识的习惯。

大脑对不诚实会变得习惯化

那么，乔纳是一个特别不道德或有心理缺陷的人吗？也许是的。又或者，他只是一个普通人，发现自己处于一个独特的尴尬境地，错误地认为避免受到羞辱的唯一方法就是撒谎。一个谎言引出了下一个，然后又引出了另一个。塔利怀疑，乔纳和我们其他人并没有什么不同。如果我们中的任何一个人发现自己处于这种情况下，我们会陷入滑坡效应吗？为了找到这个问题的答案，塔利和她的同事们先让100名诚实的市民站到一个光滑的山顶上，接着轻轻地推了他们一把，然后观察接下来会发生什么。

他们邀请这100个人两两配对，参加在位于伦敦市中心的塔利的实验室进行的一项研究。[3] 其中一对参与者是莉诺拉和里娜。

她们一到达，就受到了作为领队的研究人员尼尔的欢迎。尼尔对她们解释道，在实验过程中，她们将会在屏幕上看到一系列装着硬币的罐子，她们的任务是猜测每个罐子里有多少钱。莉诺拉要在脑成像扫描仪中进行估计，而里娜则只需在隔壁房间完成这个任务。

然后，这里有一个小小的转折：莉诺拉的屏幕上会显示罐子的大而清晰的图像，而里娜的屏幕上只会显示小而模糊的图像。因此，莉诺拉需要通过 Wi-Fi 告诉里娜每个罐子里大概有多少钱，然后里娜再把她的猜测结果告诉尼尔。里娜猜得越准确，她和莉诺拉得到的钱就越多。

尼尔先把里娜留在隔壁房间里，然后带着莉诺拉去做核磁共振扫描，并且告诉她，还有一个转折。"里娜不知道这件事，"他压低声音说，"但是，如果她猜对了罐子里有多少钱，她就可以得到最多的钱，而如果里娜高估了罐子里的钱，你——莉诺拉——就可以得到最多的钱。"

尼尔并没有直接指使莉诺拉撒谎，但是在这种情况下，撒谎会让她在经济上受益，而让里娜付出代价。莉诺拉现在有了利益冲突：她的任务是尽她所能地给里娜出主意，但是如果她对里娜撒了谎，自己就可以赚到更多的钱。这种情况就像一个代表买家的房地产经纪人。作为经纪人，他的任务是尽可能为买家争取到最好的交易。然而，买家为买房子付出的钱越多，经纪人的收入就越多（因为经纪人会从售价中获得一定比例的佣金）。

那么，在实验中，莉诺拉做了什么事情？

与这项研究中的大多数志愿者一样，莉诺拉一开始也撒了谎，不过只是撒了一点点谎——这一次多说几便士，下一次再多说几便士。但是，随着实验的进行，她撒了越来越多的谎。在研究结束时，她已经严重高估了玻璃罐中硬币的数量。当然，我们需要先搞清楚，莉诺拉到底是在撒谎，还是过于天真地错误估计了罐子里的硬币数量。所以，在其中一些轮次的试验中，我们告诉她，如果里娜的估计是准确的，那么她（莉诺拉）将得到最多的钱。当给里娜提供真实的建议有经济激励时，莉诺拉就照做不误了。她确实能准确地估计出罐子里硬币的数量。她只是在对自己不利的时候选择不这样做而已。

当莉诺拉执行这个任务时，我们记录了她的大脑活动。起初，当她撒谎时，她大脑中发出情感信号的那部分，即大脑深处被称为杏仁核的小小的杏仁状脑区的反应非常强烈。为什么她的杏仁核会被强烈激活？因为与大多数人一样，莉诺拉也认为说谎是不对的[4]，所以每次她一说谎，就会产生一种负面感觉。*杏仁核的反应强度受谎言的大小影响，而且这种反应只能在她的情感大脑网络中检测到，在大脑的其他区域则无法检测到。

接下来这个结果是最有意思的。莉诺拉每多撒一个谎，我们就观察到她的杏仁核的反应减弱一点——这是对她的撒谎行为的一种习惯化。她的大脑对她自己不诚实的敏感度下降得越厉害，

---

* 这种让我们不撒谎的负面感觉在进化上可能是有利的。这是因为，虽然说谎可以在短期内带来回报，但是从长远来看，它会破坏我们的声誉，并产生巨大的社会成本。

下次有机会时她就会撒更多的谎。当人们做不道德的事情时，通常会产生一种不安的感觉，如果不再产生这种感觉，那么也就没有什么可以抑制她的不诚实了。

莉诺拉的行为很有典型意义。研究了志愿者的相关数据之后，我们发现了一个普遍的效应：随着大脑情绪系统对谎言的反应不断减弱，人们撒谎的次数将趋于增加。在研究结束时，我们问莉诺拉为什么会说这么多谎话，她说她完全没有意识到自己的谎言已经像滚雪球一样越滚越大了。是的，她对自己的谎言的习惯化已经达到了非常高的程度，以至她甚至没有注意到发生了什么。

当情绪消退

现在，让我们回想一下我们在本书导言中描述的一个场景。有一天，你正走在回家的路上，一只长着尖利牙齿的棕色大狗对着你狂吠不已，显得非常生气。你很可能会感到很害怕。第二天，你又遇见了同一只狗，它又对着你狂吠。但是这一次，你可能不像前一天那么害怕了。一个星期之后，你几乎不会对这只狗的狂吠做出任何情绪反应了。

你可能还记得，我们在前面的章节中说过，研究表明，当人们第一次看到可怕的图片时，比如开枪杀人的图片或可怕的狗的图片，他们会表现出强烈的情绪反应。他们的心率加快，瞳孔扩大，大脑杏仁核中的神经元被强烈激活。然而，每多看一次同样的画面，他们的反应就会减弱一点儿，直到最终完全消失。[5]

一般来说，这种形式的习惯化——有时也被称为情绪适应（emotional adaptation）或情绪习惯化（emotional habituation）——是一个可以说明大脑"很聪明"的特征。情绪是一种信号，它告诉你"这很重要。请注意了，你可能需要做出某种反应"。但是，如果某件事情一次又一次地重复出现，结果却没有严重影响到我们，那么它可能根本没有那么重要，而这就意味着情绪消退也无伤大雅。情绪习惯化不仅仅与恐惧有关。你可以适应任何情绪，不管是好的还是坏的，比如说爱、兴奋和羞耻。

在我们的实验中，莉诺拉就经历了这样的情绪习惯化；这就是她每多说一次谎，她的情绪反应就减弱一分的原因。反复的不诚实，就像你反复喷洒的香奈儿香水。在刚开始的时候，你每次喷香水，都容易发现它独特的气味。但是随着时间的推移和你的反复使用，到最后你几乎感觉不到它的存在，所以你就更加随意地使用它，根本记不起为什么早上通勤乘地铁时没有人愿意坐到你的身边。这是因为，你嗅球中的神经元对这种香水的气味完全不再敏感了。[6] 类似地，你对自己不诚实的情绪反应最初是非常强烈的，但是随着时间的推移，这种反应会减弱。如果你对你的谎言没有什么负面的情绪反应，你就更有可能说谎。

如果我们给你一颗药丸，它能够神奇地消灭你的情感能力，那么你可能会说更多的谎。这并不是一个假想的例子。在一项实验研究中，一组即将参加考试的学生服用了一种名为β-受体阻滞剂的药物，这种药物的作用就是减少情绪唤起。结果这些学生作弊的可能性达到了服用安慰剂的学生的两倍！[7]这显然是因为这种药物人为地减少了抑制作弊的负面情绪（这有点儿像反复撒谎导致的习惯化）。我们人类的道德本性——尽管我们大多数人都认为道德本性是"我们到底是谁"的深刻反映——似乎是由生物功能调节的，只需用一粒小小的药丸就可以改变。

"谎言政治学"

乔纳为了掩盖他少了一个脚趾头而反复撒谎，这引发了一种类似于β-受体阻滞剂的效果。由于他撒谎的时候不再感觉到负面情绪，因此他的谎话越说越频繁。也许，你也能想到存在类似情况的朋友或家人。比如，一个有婚外情的人，最开始时还因为自己的行为而感到痛苦和羞愧，但是在出轨多年后却变得丝毫不后悔了；或者，那些在社交媒体或约会网站上为了自身利益而反复撒谎的人；还有那些为了事业前途而经常说谎的人。所有这些人，可能都已经对自己的谎言习惯化了。

塔利的研究成果是在 2016 年美国总统大选前几个星期发表的，它触动了许多人的神经。有不少人认为，这些发现可以用来解释当时的总统候选人（后来成为美国总统）唐纳德·特朗普的行为。特朗普曾经被指控屡次撒谎。有意思的是，对特朗普的声明进行的事实核查显示，他在担任总统的前 100 天里，平均每天发表近 5 次虚假的公开声明。几个月后，这个数字几乎翻了一番，上升到平均每天 9 次；而到总统任期结束前后，他每天公开发表的虚假陈述已经超过 19 次。[8]

在这种持续飙升的背后，可能有许多因素在起作用。也许，这种增长是由于报道偏差所致——也就是说，随着时间的推移，媒体对特朗普说谎的报道越来越多，而不是他真正说谎的次数越来越多。还有一种可能性是，过去的谎言需要用更多的谎言来掩盖，从而导致谎言的级联性增多。也可能是因为，谎言可以带来对个人有利的后果，进而导致越来越多的谎言。有一项研究发现，不诚实在政治上是有回报的：不反对撒谎的政治家更有可能再次当选。[9] 所有这些都可能导致谎言增加，但是除此之外，我们还认为，在政治领域，就像在其他领域一样，反复撒谎会引发情绪习惯化，进而导致越来越多的谎言。

当一个人不仅会对自己的不诚实习惯化，而且会对别人的不诚实习惯化时，情况就变得更加令人担忧了。从政治的层面上说，这意味着选民和政治顾问们可能会对政治家的说谎行为变得麻木不仁，就像他们对配偶过度使用的香奈儿香水的气味置若罔闻一样，从而导致他们不太可能采取行动去进行惩罚，甚至可能使他们完全不再尝试去阻止政治家的不诚实行为。反过来，政治家则可能会把没有受到制裁解读为对他们说谎"开绿灯"。因此，随着谎言数量的增加，公众对政治家说谎的愤怒可能会越来越少。

这正是现在美国发生的事情。在经历了所谓的"后真相时代"之后，认为可以通过夸大事实来让故事显得更有趣的美国人所占的比例，从2004年的44%增加到2018年的66%，这种增长趋势实在令人震惊。[10]

对他人的谎言的习惯化，是一个你只要环顾一下四周就可以发现的现象。它绝不仅仅存在于政治领域，相反，它时刻发生在商业、科学、人际关系和社交媒体领域。例如，想象一下这个场景。你找到了一份新工作，成了一位名叫贝尔的"健康大师"的内容编辑。你的工作任务就是编辑她写的内容，然后发布到她的网站和社交媒体账号上。这些账号有数以百万计的粉丝，所以你对这份新工作很兴奋。

你从贝尔那里收到的第一篇文章是关于茄子所拥有的令人难以置信的治疗特性的。天哪！谁能知道这种紫色的蔬菜有这么多治疗作用呢！出于好奇，你打开谷歌网站进行了一番搜索，结果未能发现任何支持贝尔的说法的证据。当你拿这件事情去问贝尔时，她解释说，是的，目前还没有证据，但是将来可能会有证据。你转念一想，你确实很喜欢吃茄泥酱，所以你一丝不苟地编辑好了这篇文章，然后把它发布了出去。

第二天，你又收到一篇文章，声称贝尔的网站上出售的鸵鸟蛋可以提高人类的生殖能力。（说的真是人类的生殖能力！而不是鸟类的繁殖能力。）虽然这听起来实在有些离谱，但是你还是编辑并发布了这篇文章。谁知道呢？也许这种说法是有一定道理的。就这样，这种事情日复一日地重复着。

工作几个月后，你又收到一篇文章，它声称"清洁饮食"是比化疗更有效的治疗癌症的方法。贝尔在这篇文章中敦促癌症患者放弃化疗。与那些关于茄子或鸵鸟蛋的文章不同，这篇文章可能会给癌症患者带来严重的后果。现在想象一下，假设你是在工作的第一天，而不是工作几个月后收到这篇文章，那么在哪种情况下，你更有可能编辑并发布这篇文章？

研究表明，当不道德行为随着时间的推移而逐渐加剧时（而不是突然之间冒出某种严重的不道德行为），人们更有可能做出不道德行为。[11] 因此，如果你是在参加工作的第一天收到了一篇声称癌症患者不应该接受化疗的文章，你不太可能编辑并发表这篇文章。当道德侵蚀逐渐发生的时候，人们不太可能注意到，因而更有可能做出越来越严重的不道德行为。但是，当严重的不道德行为不知道从哪里突然冒出来时，人们马上就可以看出它很明显越界了，于是就会做出相应的反应。或者换句话说，声称茄子有治疗作用、鸵鸟蛋可以提高人类的生殖能力的那些故事，已经模糊了真实与虚假、可接受与不可容忍之间的界限，从而创造了一种新的规范。这样一来，当更严重的不道德行为出现时，尽管它们在正常情况下显然是令人反感的，但还是会显得似乎比在其他情况下更接近可以接受的界线。

上面举的这些例子并不纯粹是我们想象的产物。"健康大师"贝尔的原型是澳大利亚前"健康专家"贝尔·吉布森。[12]吉布森是一位"网红"。她曾经拥有一个很受欢迎的健康饮食应用程序,并一度得到苹果公司的支持;她还撰写了一本食谱,由企鹅出版社出版。她在照片墙、脸书和其他社交媒体平台上都有大量的粉丝。

在她的著作和社交媒体账号中,吉布森一再告诉她的粉丝,她患上了癌症,但是她没有选择化疗,而是通过健康的饮食、体育锻炼、冥想和其他替代疗法来对抗癌症。她的帖子和博客详细描述了她的抗癌之旅,她声称她的癌症是由宫颈癌疫苗引发的。据她说,癌细胞已经扩散到她的大脑、脾脏、子宫、肝脏和肾脏。

吉布森声称,通过运用自然疗法而不是接受化疗,她的癌症控制得很好。吉布森发布了自己看起来很健康的照片,很多人都被她的经历所触动,不少癌症患者甚至被她说服放弃了传统的医学治疗。

多年来,吉布森一直非常成功,她的粉丝数量呈指数级增长。直到有一天,一位调查记者揭露这一切都是一个大骗局。吉布森从未患过脑癌,也从来没有患过肝癌或肾癌。任何医疗机构都没有她被诊断出患有任何癌症的记录。她谎报了自己的健康状况、年龄和经济状况。她声称用公司利润给慈善机构捐赠了很多钱,但是没有任何一家慈善机构收到过一分一厘来自她的善款。

不出所料,吉布森从小就有撒谎的记录。早在十几岁的时候，她就曾谎称自己在接受心脏手术时在手术台上"短暂死过一回"。但是事实是她从未做过心脏手术。她的朋友们都记得吉布森经常撒谎。那些看似无害的童年小谎话，随着岁月的流逝，变成了为她赚来数百万美元的大谎言——当然，代价是她的粉丝们的健康将面临巨大风险。[13]

多年以来，像吉布森这样的"说谎达人"，在许多其他各种各样的大骗局中都可以发现。这些大骗局很多都上了头条新闻。从谎称自己是黑人的蕾切尔·多尔扎尔，到利用欺诈性陈述建立生物技术帝国的伊丽莎白·霍姆斯，再到捏造教育和职业经历的国会议员乔治·桑托斯[14]，再到伪造科学数据的行为科学家迪德里克·亚历山大·斯塔佩尔，所有这些说谎者都有一个共同点，那就是，他们的不诚实行为可以追溯到一系列逐渐升级的小过失。

当然，这样说并不是意味着，所有发现自己处于乔纳那样的境地，觉得有必要反复撒点儿小谎的人最终都会犯下严重的罪行。就乔纳而言，他长大后成了一个好父亲和受人尊敬的社会成员（尽管他从未改掉说谎的习惯）。这样说也同样不意味着，为了家庭幸福而每晚假装早早上床睡觉最终必定会导致巨大的欺骗。导致某些人策划了世界上最大的庞氏骗局或伪造癌症史的，还有其他许多复杂的因素，其中许多都与习惯化无关。

我们要说的无非是，小谎言可以而且确实会导致更频繁、更大的谎言。用伯纳德·麦道夫的话来说："一开始，你只是拿走一点点，也许是几百美元，也许是几千美元。慢慢地，你就会觉得心安理得了。在你意识到之前，它就像滚雪球一样变成了一件了不得的大事。"[15] 对我们这个世界上像伊丽莎白·霍姆斯和贝尔·吉布森这样的人来说，这是千真万确的，对你也可能是千真万确的。

善意的谎言是谎言吗？

你可能想知道，不诚实是不是一定会升级，或者"有充分理由的"撒谎是不是无关紧要。对此，不妨考虑一下所谓的"无私的谎言"，即纯粹是为了另一个人的利益而说的谎言。在工作中为同事遮掩一二，在家中将兄弟姐妹犯的错误揽到自己身上，这些都是无私的谎言的例子。人们通常不会对这样的谎言感到太过难受。相反，他们可能会觉得自己很高尚，因此对这种无私的谎言似乎没有什么是需要习惯化的。

在我们前面描述的"罐子里的硬币"实验中，我们创造了这样一种情境："指导者"（比如莉诺拉）可以通过撒谎来帮助被指导者（比如里娜），但是那对自己没有任何好处。我们发现，人们确实会为了他人的利益而撒谎（即便对完全陌生的人也是如此），而且这类谎言不会升级。

我们还创造了另一种情境，即说谎对说谎者和另一个人都有利。在这种情境下，我们发现谎言确实会升级，尽管不像人们出于自私的原因而撒谎的升级那么明显。我们推测，参与实验的志愿者对撒谎仍然会感到有点儿内疚，因为他们这么做是为了自己的利益，但是事实上谎言也有利于对方，而这又弱化了他们的不安感。

近年来出现的一些著名的说谎者，比如伊丽莎白·霍姆斯和贝尔·吉布森，能让"一部分"他人受益。例如，他们的谎言使他们的家人和雇员受益匪浅。吉布森抚育着一个年幼的儿子，霍姆斯为她的员工提供了工作岗位。在一定程度上，她们的谎言也给她们的追随者和客户带来了某种希望，尽管这种希望最终被证明完全是基于骗局。

相信你的不诚实能够帮助到别人，这似乎给了说谎一个合理的理由。然而，这并不能完全消除你的内疚、羞耻和恐惧，至少在"说谎之旅"的开始阶段是这样。回想一下麦道夫的话吧——"你就会觉得心安理得的"，他指的就是对说谎心安理得。[16]麦道夫的话表明，在某个阶段，他对说谎也觉得不安心。然而，随着时间的推移，他对自己的谎话变得习以为常了。

最后一点也可以将精神病患者与世界上形形色色的麦道夫区分开来。也许，麦道夫这类人在一开始的时候也是对自己的说谎行为感到不自然、不安心的，但是精神病患者则从来不是这样，他们从一开始就毫无感觉。

把说谎行为扼杀在萌芽状态

知道了不诚实会因习惯化而不断升级后，就可以对如何在家庭和工作中减少不诚实提出一个明确的要求：必须将其扼杀在萌芽状态。如果你忽视小的过失，它们就可能像滚雪球一样慢慢演变成会导致严重后果的行为。人们可能会对不诚实习惯化，进而不再认为这是错误的。在家里，当孩子撒谎时，你必须大声责备他们，让他们感到后悔，这可能会使他们不太可能对自己的不诚实习惯化。这种干预可以在事态恶化之前，确定关于什么是可以容忍的、什么是完全不可容忍的明确规范。

在职场中，如果你成功地营造了一种不允许任何小谎言（比如谎报几美元的开支）的氛围，就能够避免更大的问题，从而改善自己的处境。这也正是我们管理自己团队的方式。为了传达一个明确的信息，任何小的违规行为都会立即得到处理。我们这样做是为了避免将来出现更大的违规行为（例如科学不端行为），它们可能会导致非常严重的负面后果，不仅会影响不诚实的人自己，还会影响团队内外的所有其他人。

规范通常是非常严格的：（永远）不要撒谎，（永远）不要偷窃，（永远）不要不尊重你的父母，（永远）不要泄露机密信息，（永远）不要违背你的承诺。规范定得如此硬性，看起来似乎有些极端化，但这恰恰就是关键所在。它们能够确保人们产生强烈的情绪反应，从而使人们更加难以接受自己在道德上违规。

在日常生活中，有许多我们认为是严重的道德错误的例子。我们绝对不会去做这些事情，即便这样做能给自己带来好处，我们也不能迈出第一步。以下几个例子就涉及这方面的问题：[17]

- 需要付给你多少钱，你就愿意烧掉你的祖国的国旗？
- 需要付给你多少钱，你就愿意狠狠地踢一只狗的头？
- 需要付给你多少钱，你就愿意打你妈妈一巴掌？
- 需要付给你多少钱，你就愿意对一个超重的人的外表发表刻薄的评论？

对于这些问题，许多人的答案是给再多的钱也不行。在某种程度上，这似乎有点儿荒谬。如果有人愿意给你一大笔钱，让你烧掉你的祖国的国旗，你不是可以用这笔钱去帮助有需要的人吗？你甚至可以用这些钱去宣传爱国主义（并制作更多的国旗）。一想到要"狠狠地踢一只狗的头"，我们很多人就吓呆了，而且我们不确定自己是不是真能做出这种举动（即便没有人看到或知道我们做了）；但是，如果你得到的金钱奖励能拯救100只狗或10000只狗的生命呢？相信你明白我说的是什么意思。

人们认为有些权衡取舍触及了禁忌。有些价值观是"受保护的"或"神圣的"，这意味着人们绝对不愿意违反它们，即便这样做的回报很大且惩罚很小。[18] 事实上，当人们被要求对某些价值进行权衡时，例如，当他们被问及是不是愿意为了降低许多人的风险而增加少数几个人的死亡风险时（例如，实验性医疗方法的开发就是如此），人们就会表现出强烈的负面情绪。

例如，在2020年新冠疫情期间，有一个国家的政府聘请了一位著名的行为经济学家来提供如何应对病毒扩散的建议。这位经济学家提交了一份报告，提出了一个不同寻常的建议：他建议政府选择一个军事基地封闭起来，然后听任基地里的人感染这种病毒，以便高强度地研究这种病毒的传播方式，确定它的各种症状，并对不同干预措施的有效性进行量化评估。这位经济学家还把他的建议向新闻界进行了通报。[19] 他提出这个建议的理由是，这样做虽然可能会失去一些生命，但是利用从中获得的知识可以挽救更多的生命。当然，政府和市民都对他的这个建议不以为然，而且大多数人都感到非常愤怒。显然这个建议触犯了禁忌。

许多经济学家都倾向于认为，"禁忌权衡"这个概念本身就是一个谜团，或者说，违反了基本理性。但是，如果我们把重点放在习惯化上，这个谜团可能就会开始消失。禁止做X、Y或Z的社会规范，能够确保人们在刚开始考虑要不要去做X、Y或Z时就感到羞耻或害怕，从而阻止人们走上可能产生严重伤害和恐怖结果的道路。如果一种文化对撒谎或欺骗有极强的禁止性规范，以至人们一旦有这种想法就会引发强烈的负面情绪，那么就有可能保护自身免受很多可怕的事情的伤害。

哲学家伯纳德·威廉姆斯（Bernard Williams）认为，如果人们在某些道德困境中仍然考虑怎样才能实现效用最大化（比如，是否要冲上去救自己心爱的人），他们就"想得太多了"。在他看来，他们应该马上去做正确的事，而不应考虑太多。[20] 威廉姆斯这样说只是想对道德的基础提出一个哲学观点。我们不知道他说的是否正确,但是他的说法在心理学上是有一定道理的。如果人们直接认定"我绝对不能说谎",而不是想"在这种特定情况下,考虑到所有相关的成本和收益,说谎是不值得的",那可能是一件大好事。

真与假的边界

　　过了晚上 8 点,儿子明明已经很困了,但是他拒绝上床睡觉,除非他的姐姐也上床睡觉。面对这种情况,父母应该怎么办?父母不能想当然地把小谎言视为完全无害。我们如果对小谎言放任不管,就会对撒谎心安理得,而且会更加频繁地撒谎。对正在养成终身习惯的儿童来说,这一点更加重要。将不诚实行为扼杀在萌芽状态可以防止其升级,所以父母应该抵制允许轻微的不诚实行为的念头。但是说实话,要做到这一点并不容易。

　　请想象一下,假设你生活在一个人们无法制造谎言的世界里,那将是一种什么体验。如果你的约会对象穿了一件不讨人喜欢的衣服,你就直接告诉她;在工作面试时,你坦率地直接列出自己的所有优点和缺点;当你想出售一辆二手车时,你直接报出它的真实价值；在照片墙上，你只发布未经修饰的照片；诸如此类。这样做积极的一面是，整个世界都将不会存在任何"伪造"的东西，无论是深层伪造的还是粗浅伪造的。但是另一方面，整个世界将不存在小说，也没有人会讲故事，也不会再有圣诞老人或牙仙子了。这样的世界会是什么样子的？[21]

由瑞奇·热维斯（Ricky Gervais）编剧并主演的电影《谎言的诞生》讲述了发生在一个不存在谎言的世界里的故事。当热维斯饰演的角色说出人类的第一个谎言时，他不确定应该如何描述他刚刚做了什么。"谎言"这个词原本是不存在的，所以"真理"这个词也没有被发明出来。"我说的……不是我说的。"他试图这样来解释。这部电影并不能算很成功，但是它的构思很巧妙。它展示了维持稳定社会环境的小小的谎言的必要性（例如，告诉你的朋友你因为感冒而在最后一分钟取消了约会，而不是承认你有更紧急的事情要做），它还证明了会造成严重破坏的大谎言的危险（例如，故意的谎言会导致战争），然后阐明两者之间必须维持微妙的平衡。

在当今世界里，真理与谎言之间的区别似乎正在消失。在某些方面，说谎已经成了现代生活中可以接受的一部分，例如，点击一下鼠标，你就可以创建一个与自己相似的角色。因此，你肯定经常会在网上遇到虚假信息，这就导致了现代世界的又一个重大问题——错误信息。

7

（错误）信息：

如何让人们相信（几乎）任何事情

口号就应该不断地重复，直到最后一个人明白它的意思。

阿道夫·希特勒

(Adolf Hitler) *1

* 有的人可能会认为，不应该引用希特勒的话。我们完全理解这种观点。然而，了解并凸显他的思想，以及他赖以影响追随者的心理学原理，也应该是有益的。而且记住他的所作所为，突出他的策略的危险性，可能有助于防止历史重演。对于这个问题，我们推荐热拉尔丁·施瓦茨（Géraldine Schwarz）的著作《失忆症患者》。

如果以人口来衡量，纽约州是美国最大的一个州。以世界上人口最多的城市之一纽约市为首，纽约州拥有许多人口稠密的城市，包括布法罗、罗切斯特、扬克斯、锡拉丘兹、奥尔巴尼、芒特弗农、尤蒂卡和怀特普莱恩斯。虽然纽约州是美国人口最多的州，但是它的总面积并不是全美最大的，这个荣誉属于加利福尼亚州。值得注意的是，人口最多的纽约州，从面积上看排在了加利福尼亚州、阿拉斯加州、得克萨斯州、蒙大拿州、新墨西哥州、俄勒冈州和新罕布什尔州之后。

你刚刚读过的这段文字充满了谎言。纽约州并不是美国人口最多的州。赢得这个奖项的是加利福尼亚州，人口第二多的州是得克萨斯州，再然后是佛罗里达州，纽约州只排名第四。然而，因为我们告诉你（至少三次）纽约州是美国人口最多的州，你很可能会倾向于相信这种说法。每当一个谎言被重复多次之后，人们就会认为它是真的。我们在下面很快就会解释，出现这种情况的部分原因是当一个陈述被一遍又一遍地重复时,你的大脑对它的处理会越来越少(因为它不再令人惊讶或觉得新奇了)。结果是,你更有可能把它作为一个给定的"真理"接受下来。

读到这里,你可能会想:"等一等,你刚刚告诉我纽约州不是美国人口最多的州,所以以后我再也不会这么想了!"先别那么肯定。我们稍后会讨论这个问题。

事实上,心理学家已经为这种相信重复陈述的倾向取了一个名字:虚幻真相效应(illusory truth effect)。[2] 这也正是许多人会相信人类只使用了大脑的10%、维生素C可以预防普通感冒的原因(塔利一直无法摆脱后一种信念)。这种效应早在1977年就被发现了,当时一群心理学家在一项研究中询问志愿者对60个貌似合理(但不一定正确)的陈述的真实性有多大的信心。[3] 你也可以试一下——你认为下面的陈述是对的还是错的?

- 中华人民共和国成立于1947年。
- 巴黎的卢浮宫是世界上最大的博物馆。
- 埃及开罗的人口比伊利诺伊州芝加哥市的人口还要多。
- 大腿骨是人体最长的骨头。
- 在美国,离婚人数超过了丧偶人数。
- 锂是所有金属中最轻的。

在1977年那项研究中,志愿者们每隔两个星期在三个不同的场合对一系列陈述进行打分,其中有20个陈述(包括假的陈述和真的陈述）在整个过程中不断被重复，另外40个则不重复。果不其然，如果某个陈述不断地被重复，人们就更有可能相信它是正确的。看起来，只要你重复一个陈述足够多次（例如，"在寒冷的天气里湿着头发出去会让你生病"，或者"外星人在20世纪40年代在新墨西哥州的罗斯韦尔登陆地球"），人们就会开始相信它。

科学家已经在无数场合重复了这个陈述，所以我们可能特别倾向于认为它是真的。当然，它确实是真的。自1977年以来，虚幻真相效应在许多彼此独立的研究中被多次发现。在实验室之外，这个效应也被普通大众多次重新发现。[4]而且，人们重新发现这个效应的时间间隔很短。[5]此外，在相互之间存在极大区别的多种类型的事实性陈述中，如在历史、地理、科学、政治、艺术和文学等领域，都发现了这个效应。[6]

你可能想知道，是不是每个人都很容易受到虚幻真相效应的影响。你也许会想，我们中肯定有一些人不容易受这种效应的影响。难道教授、科学家、工程师、教师、记者、杂技演员、宇航员都会受其影响吗？答案是肯定的。[7]尽管你可能会认为，对那些依赖分析而非直觉思维的人，以及那些喜欢用数据来思考的人来说，这种效应肯定会减弱，但你还是错了。分析型思考者同样会受到这种效应的影响。或者，你可能会认为只有年轻人才会特别容易受到虚幻真相效应的影响，又或者只有老年人才会特别容易受到它的影响。你又错了。年轻人和老年人都同样容易受它影响。

还有，你可能会预测，认知能力强的那些人（例如，在一般智力测试中得分很高的人，可以轻松高效地处理信息的人）不太可能成为它的牺牲品。可惜这种预测也是错误的。又或者，你可能会预测，那些高度需要"认知封闭"的人，即那些想要对问题给出坚定、明确答案的人，尤其容易表现出这种效应。但是这种预测也是错误的。

表现出虚幻真相效应似乎是所有人的一个共同特征，无论是聪慧的还是迟钝的、年幼的还是年长的。[8]不过确实有一个例外，那就是阿尔茨海默病患者，他们似乎不怎么受多次重复的影响。[9]这恰恰可能是因为他们对之前听到过的东西没有什么记忆。

越熟悉，越真实

我们不要夸大这些发现。如果你确信某个虚假的陈述是虚假的，你就不太可能相信它。如果你被反复告知地球是平的，或者大屠杀从未发生过，即便你反复听到这些说辞，你也不一定会相信其中任何一个（尽管有些人可能会相信）。这里的道理很简单，多次重复可以让人们认为一个命题更有可能是真的（不管它到底是不是真的），所以如果有人想让你相信一个谎言，那么只需要一遍又一遍地重复，就有可能奏效。（希特勒就很清楚这一点。电视上的许多评论员也知道。当然，社交媒体上的一些"网红"也明白这个道理。）真正有意思的问题是：为什么会这样？

答案是，重复能够创造一种熟悉感。当某个事物听起来很熟悉时，你就会认为它是真的。这是因为在生活中，熟悉的感觉通常（正确地）与真相联系在一起，而惊讶的感觉通常（正确地）与不可信联系在一起。试想一下，我们告诉你我们有一只皮毛像彩虹一样的猫，而且会说瑞典语，你肯定会感到很惊讶（"惊讶"已经是一种委婉的说法了）。这种感觉本身就是一个很好的迹象，表明可能有些事情出了问题，你应该放慢速度，仔细思考一下这个陈述。[10]

然后，你应该会将这个陈述与你现有的知识进行比较——猫的皮毛很少是有颜色的，而且猫只会用"喵、喵、喵"的叫声来交流。比较之后，你就会得出一个结论：我们给出的那个陈述很可能是错误的！当然，这一切都是一瞬间发生的，你甚至可能完全没有意识到。现在，如果我们告诉你我们有一只棕色的猫，当它想吃东西的时候就会喵喵叫，那么你听到后会觉得很熟悉，从而带给你一种心安的感觉。这种感觉接着会转化为"是的，听起来就应该是这样"。

对于某个陈述，如果以前已经听过很多次，那么你会认为它是理所当然的，并且不会对它做出多少反应——因为你对它已经习惯化了，它不会再度引发你的惊喜。但是，当你听到一个不熟悉的陈述时，你可能会感到震惊，因此你会质疑它。

因此，人们更倾向于相信一个听起来熟悉的说法，而对一个听起来令人惊讶的说法持怀疑态度。这是有道理的。一般来说，听起来更熟悉的陈述更有可能是真的。这是因为你从不同的来源听到了同一个熟悉的陈述——你可能是从你的妈妈和你的朋友艾伦那里听到它的，也可能是从新闻广播上听到它的。（你可能会合理地认为）既然这些人都同意它，那么这个说法很可能是正确的。所以，"越熟悉，越真实"作为一个启发式，本身并不一定是坏的。然而，当谎言由于重复而变得熟悉时，问题就出现了，这要么是因为人们有了错误的想法，要么是因为他们试图传播虚假信息。

问题的根源在于，你的大脑非常擅长表明"我以前听说过这个"（也就是说，这是"熟悉的"），却很不擅长记住你以前在哪里"听说过这个"，即是从谁那里听到的，以及在什么背景下听到的。[11]存储所有这些额外的信息需要花费精力和宝贵的认知资源。当你听到"维生素C可以帮助治疗普通感冒"时，你知道你以前听过这个说法，但是你不一定记得是从你那个一贯迷信的叔叔，还是从一位值得信赖的科学家那里听来的。然后，"越熟悉，越真实"启发式马上就会开始发挥作用。

如果只听一部分陈述，比如"家鼠能跑"，就足以让你更有可能相信完整的陈述："家鼠能跑到每小时64千米。"接触到开头的几个词就会让你觉得你已经接触到了整个陈述，这会给你一种熟悉感，然后反过来又会触发"越熟悉，越真实"启发式。[12]

这就是在揭穿某种说法的谬误时先重复一遍很可能会适得其

反的原因。试想一下，你的脸书好友匹诺曹发帖称："美国的大多数囚犯是移民。"然后你搜索了一下，发现这种说法是不正确的，所以你发帖反驳说："'美国大多数囚犯是移民'这种说法是不正确的。"现在，你的另一个朋友格佩托在查看他的消息列表时，偶然看到了这两个帖子。对格佩托来说，"美国的大多数囚犯是移民"这种说法因为重复了两次而变得更熟悉了，因此感觉很真实。格佩托可能只记得原来的主干说法，而根本不记得你已经否定了它。

像我们大多数人一样，格佩托对主干信息非常敏感。天气预报有没有说今天会很冷，竞选公职的候选人是不是声称自己是战争英雄，当地报纸是不是报道过一位著名的电视明星犯了藏毒罪。相比之下，格佩托对"元信息"（即关于主干信息是否准确的信息）则不太感兴趣。如果有人清楚地告诉你，所谓的天气预报只是一个笑话，或者一个公选官员为了吸引选票而篡改了自己的记录，你是不会完全忽视的。但是，如果你像格佩托（和大多数人）一样，你实际赋予"元信息"的权重会比你应该赋予它的要小得多。如果你熟悉心理学术语，你应该知道这种情况在心理学中被称为"元认知性近视"（metacognitive myopia）。[13]

这一切意味着，你需要很小心，不要去重复谎言，哪怕是为了揭穿它们，也千万别重复。在很多情况下，对于谎言，最好的应对方法是对它完全视而不见，以避免无意中增加了它的"牵引力"。当然，我们知道，有时需要正面应对谎言。但是，即便是在这种情况下，你也应该避免重复引述错误信息，而应该直接列出事实。举例来说，假设你想反驳匹诺曹发的帖子"美国的大多数囚犯是移民"，你认为以下两个陈述中，哪一个更好一些？

A："在美国囚犯中，只有不到10%的人是移民。"

B："91%的美国囚犯出生在美国。"

这两个陈述的核心含义是完全一样的。但是，陈述A会让听到的人将"移民"和"囚犯"这两个概念联系到一起。如果这些人在几个星期后又听到有人说"美国的大多数囚犯是移民"，这两个联系在一起的概念可能会无意中触发一个熟悉的信号，从而使"美国的大多数囚犯是移民"这种说法看上去更像是对的。陈述B则可以避开这个陷阱。

越容易，越真实

当你一遍又一遍地重复听到某件事情时，你会觉得它很熟悉，然后你很可能会相信它一定是真的。但是，这仍然不是重复会导致你接受他人主张的唯一原因。还有更多的原因。

现在，不妨让我们假设你第一次听到某条信息——例如，"虾的心脏长在它的头部"。如果确实是第一次听到，那么你的大脑要花费大量的能量来处理这条信息。你可能会在脑海中想象出一个位于虾的头部的心脏，也可能会试着回忆你最近一次吃虾时的情景。当你再听到同样的信息时（"虾的心脏长在它的头部"），你的大脑就不需要做太多的工作了，所以它的反应会更小。第三次听到这个信息时（"虾的心脏长在它的头部"），大脑的反应就更小了，同时也会更快。[14] 这是习惯化的一种形式。到最后，你的大脑就像对你多次使用的须后水的气味不再有反应一样，它对"虾的心脏长在它的头部"这个说法也不再有反应了。

不过需要澄清的是，我们这样说的含义并不是让你对自己所用的须后水气味不再敏感的神经机制也会让你相信重复的信息。我们要说的只是，在这两种情况下，都有一个基本原理在起作用，即神经处理过程对重复出现的刺激的反应会减少。当你因为重复而毫不费力地处理信息时（即通过较小的神经反应），你更有可能接受它为真的。"毫不费力"也就意味着没有"惊喜信号"，所以你不会停下来思考，你会直接接受。

我们甚至不需要重复同样的语句来让大脑中这种节省能量的机制发挥作用。举例来说，因为我们已经告诉过你很多次"虾的心脏长在它的头部"，所以你会更容易接受"虾的心脏长在它的头部，而它的大脑长在它的直肠里"。正因为你之前已经听到过这个句子的前半部分（"虾的心脏长在它的头部"），所以大脑处理整个句子（"虾的心脏长在它的头部，而它的大脑长在它的直肠里"）所需要的资源更少。这样，信息作为一个整体变得更容易处理了，从而引发了一种熟悉感，然后进一步转化为信念。

（实话实说吧。虾的头部确实长着心脏和其他一些重要器官，比如胃。这是因为它们的头部有一个比身体其他部位更坚固的保护壳。然而,虾的大脑并不是长在直肠里——虾的大脑其实也长在头部。)

一遍又一遍地重复,是使信息变得更容易处理的一种方法(相应地,对信息的神经反应也更小)。当然,这并不是唯一的方法。例如,在以下两种说法中,你认为哪一种是正确的?

(1)给未出生的婴儿播放古典音乐可以提高他们的智商。

(2)怀孕期间吃花生会增加婴儿对花生过敏的机会。

如果你与大多数人的想法一样,那么你将更有可能相信第一种说法是正确的。(事实上,这两种说法都是不正确的。)因为第一个句子是用比第二个句子稍粗一些的字体印刷的,所以它更容易处理。更容易处理的信息——可能是因为它们是以更醒目的方式印刷的,如用红色或更易于阅读的字体——更容易让人相信。[15] 因此,你会把信息处理的容易程度与信息的真实程度联系起来。(越容易,越真实!)我们使用"联系"这个词是有原因的:你其实并不是真的认为,如果信息更容易处理,那么它就更有可能是真实的。这确实就是一个建立"联系"的问题——如果信息容易处理,我们就会自然而然地相信它。

因此,如果你的工作是在社交媒体上展示信息,那么如果使用很小的字体或对比度较差的颜色,人们就不太可能相信它。另外,如果某个说法听起来似乎是全新的,那么人们就更容易怀疑它的真实性。因此,为了让人们信任你的推荐,必须让你发布的内容很容易处理,例如,让它在视觉上变得更容易处理(加入图片，使用大字，提高对比度），在概念上更容易理解（将新的想法与熟悉的概念联系起来，让人们对你要说的内容做好准备，并且要多重复几次！），这样可以避免人们仅仅因为你发布的内容难以处理而怀疑它们的真实性。

重复、相信、传播

掌握关于虚幻真相效应的知识，对与他人交流和分享关键信息很有帮助。如果你是在分享真实且准确的信息，那么一切都好办。但是许多人，包括政治家和商人，都可能会特意重复错误或未经证实的说法。例如，许多广告都在不断重复对某种产品的不可靠的宣传（比如"用太空服材料制成的可穿戴贴纸能包治百病"），因为有可能让潜在的买家仅仅因为重复听了多次就相信它，或者让他们以为自己以前从可靠的来源听到过这种宣传，从而增加销售额。另外，政客们可能会不断重复一个毫无根据的主张，因为他们明白，如果他们重复的次数足够多，人们就会认为这是真的。毫无疑问，阿道夫·希特勒也懂得这个道理。他在《我的奋斗》一书中这样写道："口号就应该不断地重复，直到最后一个人明白它的意思。"[16]

为了保护市场，监管机构出台了许多针对欺骗性广告的禁令，但是它们永远都无法消除重复的影响。从理论上说，如果重复了无数次，那么虚假陈述应该受到更严厉的惩罚。或者，再考虑一下社交媒体。运营 Meta、X、YouTube 等社交网站的那些人，至今仍然没有意识到重复的潜在破坏力。也许，问题不仅在于反复看到一个帖子会通过习惯化增加人们对于其准确性的信念，还在于这种重复会增大这个帖子被进一步分享的可能性？为了研究这个问题，塔利组织了一项实验。[17]

塔利在这项实验研究中的合作者瓦伦丁娜·韦拉尼（Valentina Vellani）向几百名参与实验的志愿者展示了 60 个陈述，内容涉及地理、科学、历史、健康等领域（比如"摄入咖啡因会影响儿童骨骼生长"）。其中一半的陈述可以看两次，另一半的陈述则只能看一次。当然，正如你现在肯定会预料到的，这些志愿者更有可能相信他们看到过两次的陈述，而不是只看到过一次的陈述（因为虚幻真相效应起作用了）。然后瓦伦丁娜问志愿者，他们想在自己的推特账号上分享哪些陈述。

这还用说吗？！志愿者们更愿意分享那些他们看到过两次的陈述，而不是那些只看到过一次的陈述。但是，瓦伦丁娜想知道的是，志愿者们之所以更倾向于分享他们重复看到的陈述，是不是因为他们确实相信这些陈述是真实的。为了回答这个问题，她利用中介建模方法进行了统计分析。分析的结果与她的直觉完全一致，即那些被重复看到的陈述之所以被更频繁地分享，确实是因为人们相信它们是真实的。

这个结果意味着，大多数人其实并不想误导任何人。相反，大多数人更愿意分享他们认为真实且准确的信息。因此问题很简单，就在于重复会让人们误解什么是真实的。而且，这并不是一个全新的问题。我们现在讨论的，是一种古老困境的现代表现而已。

真话偏差

1934年秋天，由于人们对健康的担忧日益增加，切斯特菲尔德牌香烟的销量急剧下降。不过，让人们远离这个香烟牌子的，并不是对肺癌的恐惧，因为直到20世纪40年代，人们才开始怀疑吸烟和癌症之间的关系。人们之所以不再购买切斯特菲尔德牌香烟，是因为他们害怕……麻风病。[18]作为一种传染病，麻风病会导致大面积的皮肤溃疡和遍布四肢的广泛神经损伤。如今，这种病已经变得相当罕见了，而且能够治愈，但是在20世纪30年代，麻风病却是一种人们谈之色变的严重疾病。

那么，为什么人们认为抽切斯特菲尔德牌香烟会导致麻风病呢？当时有传言称，一个麻风病患者在弗吉尼亚州里士满的切斯特菲尔德香烟厂工作。根据这个故事，任何抽切斯特菲尔德牌香烟的人都有染上这种可怕疾病的危险。尽管当时还没有手机、电子邮件和社交媒体，但这个故事还是像野火一样迅速传遍了全美。结果可想而知。人们纷纷转向其他品牌的香烟。

切斯特菲尔德牌香烟的生产商竭尽全力与这个谣言作斗争。他们在广告中展示了在生产中使用的清洁机器，还说服素来备受市民信任的里士满市长发表了一份官方声明："切斯特菲尔德香烟厂已经通过了检查，没有发现任何麻风病人。"当然，所有这些努力都无果而终。切斯特菲尔德牌香烟的销量持续下滑，在接下来的整整十年里都没有一丝反弹。没有人确切知道这个谣言是如何出现的，切斯特菲尔德牌香烟的生产商怀疑是他们的竞争对手编造了这个谣言，目的是抢占切斯特菲尔德牌香烟的市场份额。

从很多方面来看，切斯特菲尔德牌香烟的故事都构成了错误信息级联式升级的一个典型案例。谣言引起了人们的好奇和恐惧，恐惧引起了人们的关注并导致人们积极地与他人分享信息。重复提高了人们对谣言的信任（部分原因是处理信息变得更加容易了），反过来又使人们进一步分享谣言的可能性大为增加。

人们之所以相信这个吸烟导致麻风病的谣言，还有一个原因，即"真话偏差"[19]，这是我们还没有讨论过的。真话偏差指的是，人类有一种相信别人告诉我们的东西的基本倾向。我们天生倾向于假设别人说的是真话，因为它们通常都是真话。例如，假设你来到了一个新的城镇，当你向陌生人问路时，你肯定不会想："他们告诉我这个那个，就是想让我迷路。"一般来说，信任他人对一个正常运转的社会来说是必不可少的。生活在一个人人认为别人在撒谎的世界里，是不可想象的。

但是，真话偏差也可能让我们陷入真正的麻烦，人们每年因网络钓鱼骗局和其他欺诈事件而损失的数十亿美元就是最好的证据。同样，不懂技术的人、老年人或青少年，绝不是因为真话偏差而上当受骗的唯一群体。非常精明的商人和各行各业的"老油条"，也都有可能成为真话偏差的受害者。想想广为人知的安娜·索罗金的例子吧，她假装成一位富有的德国女继承人，骗取了纽约大量投资者、银行和酒店的大笔资金。再想想这样一个案例：《纽约时报》畅销书的作者落入了一个骗局，将即将出版的手稿通过电子邮件发送给一个假装是《纽约时报》编辑助理的人。

许多年前，塔利就发现自己是真话偏差的受害者。当时，塔利还是一名学生，住在伦敦市中心，她经常在出国参加会议和研讨会时将公寓转租出去。有一次，她前往华盛顿参加一个会议，前后花了一个星期。会议结束后，塔利在某天深夜回到了伦敦，长途飞行使她筋疲力尽，她很想洗个澡，然后直接上床睡觉。然而，当她用钥匙开门时，却发现怎么也打不开。"这太奇怪了。"她心想，于是又试了一次，但还是打不开。这时候，她听到公寓里面传来了声音，她的惊讶变成了惊恐。"是谁啊？是谁啊？"一个30多岁的女人开了门，一手夹着烟，一手拿着一杯白葡萄酒。塔利惊恐地发现，她的公寓里住着一对夫妇！

接下来发生了什么，现在塔利已经有点儿说不清楚了。总之，塔利向他们解释——她的口气也许不是非常冷静——这是她的公寓，并问他们到底是谁。"啊哈！我们正在等你呢。"那个女人带着浓重的意大利口音说道。这对意大利夫妇声称，他们是通过一个名叫"塔利"的人发布的转租信息租下这套公寓的，那个"塔利"告诉他们这是他的房子，他们可以住6个月，不过要先付清两个月的房租。他们搬进来的第二天，又有一个50多岁的西班牙男人带着行李箱和钥匙出现了。他也是通过转租信息租下这套公寓的，同样预付了两个月的房租。由于"房主"不回电子邮件，也不接电话，所以他们三个人一起去了警察局。一番周折后，他们意识到"房主"原来是个骗子，很不幸他们都被骗了。他们不太确定真正的主人什么时候会回来，或者是不是还会回来，所以他们决定暂时留在公寓里，并把锁也换了，以防再有其他人试图搬进来。

当天晚上，那对意大利夫妇就搬了出去，塔利用沙发顶住门，睡了一觉。第二天早上醒来后，她发现她的很多东西都不见了。骗子拿走了所有贵重物品，包括笔记本电脑和相机等。更严重的是，骗子还偷走了塔利的许多个人物品，如她的衣服、DVD碟片（是的，那时人们还有这种东西）、书籍和画作。

塔利痛定思痛，发现自己被骗还是有迹可循的。那个骗子从来没有到她的这套公寓来看过。他告诉塔利："我只需要在进城开会的间隙偶尔在公寓里休息几个小时。"甚至当塔利提醒他，公寓的淋浴器坏了的时候（英国的管道系统总是出问题），他声称他不打算在公寓里洗澡。（"男人就是这副德行"，塔利当时还腹诽过）。那个家伙用现金付房租，并且坚持要在晚上9点30分在一条没有灯光的小巷里把现金交给塔利（所以塔利看不清他的面部特征）。

由此可见，默认人们会说真话这个假设确实是非常强大的，足以屏蔽掉指向谎言的强有力线索。塔利当初确实有一种不好的直觉，尤其是当她站在黑暗的小巷里，一边从那个家伙手中接下现金房租，一边把公寓钥匙交给他的时候。但是，她忽略了自己的这种直觉。

事实上，大量研究表明，即便信息是不可信的（如切斯特菲尔德牌香烟这个例子所说明的），或者已经被明确指出是不真实的，我们仍然可能会依靠它来指导我们的选择。[20] 那么，如果你所从事的职业按照定义必须以揭露真相为天职，情况会不会有所不同呢？

为了找到这个问题的答案，一位名叫米尔托·潘塔济（Myrto Pantazi）的学者组织了一个研究小组，邀请经验丰富的法官参加实验。[21] 研究小组向法官们提供了两个法律案件中刑事被告的资料，并明确地告诉法官们，其中有一些信息是虚假的。然后，他们要求法官评估被告的危险程度，并给出适当的量刑建议。对于已经明确告知他们是虚假的那些信息，法官们会完全忽视吗？

答案是，法官们未能完全忽视虚假信息。当他们收到关于被告的负面信息时，他们就会受到影响，哪怕他们已经被明确告知这些信息不是真的。结果还不限于此。法官们还倾向于把虚假证据误认为是真实的,而且他们把虚假证据误认为是真实的次数,比把真实证据误认为是虚假的还多。这当然是令人惊讶的结果:即便你是一个经验丰富的法官,关于刑事被告的虚假信息也可能影响你的判决——即便你已经被明确告知那是虚假信息,也是如此。

鼓励精确性

真话偏差与"更容易,更真实"启发式的结合,会让我们更容易受到错误信息、虚假新闻和骗局的侵害。但是,对这类偏差和启发式的更多了解,也能赋予我们强大的力量。我们无法摆脱它们,因为它们根深蒂固地存在于我们的大脑结构中。但是一旦我们意识到它们,我们就可以制定适当的策略来保护自己。在出租伦敦公寓被骗事件发生后,塔利在进行任何重大交易之前,都会进行全面、彻底的背景调查。为了保护社会,不仅个人应该努力应对,包括社交媒体在内的企业也应该制订更积极的打击虚假信息的计划。技术和媒体往往会放大我们人类的基本倾向,即假设他人说的是真话,并倾向于相信和分享重复看到的信息(即便它们是虚假的)。

然而，也并不是非如此不可，而且科学（家）已经告诉我们能做些什么。发表在《自然》杂志上的一项研究表明，如果能够促使用户考虑单个陈述的真实性，就可以改变他们的思维方式，从而使他们对准确性变得更加敏感。[22]这样做的结果是，人们分享的真实可靠的新闻链接的数量将会是假新闻链接的3倍。

另一个方法可能是对那些展现出可靠性的用户进行奖励。请考虑一下，如果人们在社交媒体上发布准确的信息就可以得到奖励，发布虚假信息则会受到惩罚，[23]那么这种胡萝卜加大棒的制度设计能够减少错误信息的传播吗？

塔利和她的同事劳拉·格洛比格和诺拉·霍尔茨对上述想法进行了检验。[24]正如我们将会看到的，社交媒体平台的一个问题是，以点赞、转发等形式出现的奖励并不取决于发布内容的准确性。这就意味着你可以发布一些完全错误的内容，并获得数以千计的点赞。所以，如你所知，发布虚假信息是一种吸引注意力的简单方法。但是，如果我们对社交媒体平台的激励结构做一个微小的改变，明确地为那些可靠的用户提供"肉眼可见"的奖励，结果又会怎么样呢？

塔利和她的研究团队就设计了这样一个实验。他们创建了一个社交媒体平台，它在很多方面与推特相似，只是在传统的按钮组合中增加了两个新按钮：信任和不信任。他们得到了三个观察结论。首先，用户点击"信任"和"不信任"来区分真假的次数，达到了"喜欢"等其他按钮的3倍，而且无论用户是民主党人还是共和党人，无论他们来自什么领域（如科学、政治、健康），都是如此。其次，用户发布的真实帖子开始变得比虚假帖子更多了。这是为什么？因为他们希望得到尽可能多的信任"胡萝卜"，同时避免那些可怕的不信任"大棒"。结果是，错误信息的传播减少了一半。当然，这两点还不是全部。最后，用户最终得到了更准确的信念。为什么？也许是因为他们花了更多的时间和精力去思考什么是真实的、什么是虚假的，而且他们会试图得到积极的反馈。

尽管这项研究不是在真正的社交媒体平台上进行的（如果要在真正的社交媒体平台上进行，我们需要马斯克和扎克伯格这样的人也参与进来），所以我们不能保证它尝试的这些策略在现实世界中一定能够发挥作用。但是我们认为值得一试，特别是如果我们的目标是创造一个真话偏差不再是某种偏差的社会。

第三部分

健康与安全

8
风险:

瑞典人的"右行交通日"

我的舒适区就像包裹着我的一个小气泡,我尽力把它推向不同的方向,使它变得越来越大,直到那些看起来似乎完全疯狂的目标最终都进入可能的范围之内。

亚历克斯·杭诺尔德
(Alex Honnold),
著名攀岩家[1]

乔·伯勒斯（Joe Burrus）躺在地下几英尺深的一个木制棺材里。这种情形并不罕见，因为我们大多数人最终都要进棺材。但是乔与死后才进棺材的人不同，他能听到他的家人和朋友在地上说话。他还活着。

那是1989年，在俄勒冈州，被人尊称为"惊人的乔"的乔·伯勒斯正在尝试一项由伟大的哈利·胡迪尼（Harry Houdini）首创的著名逃脱术。1915年，胡迪尼让人把他活埋在1.8米深的地下。胡迪尼的任务是自己把自己从地底下挖出来。但是事实证明，这项任务比他想象的要困难得多。每移动一寸泥土，都是在为自己的生命而战。当胡迪尼的手指尖终于露出地面时，他失去了知觉。幸运的是，他的助手及时把他拖了出来，救了他一命。[2]

乔·伯勒斯相信自己能做得比胡迪尼更好。"我认为自己是幻觉大师和逃脱艺术家，"他说，"我相信我是下一个伟大的胡迪尼，甚至比他还要伟大。"[3] 在俄勒冈州的那一天，乔·伯勒斯最终解开了绑在他手腕上的手铐，从棺材里出来，挖开泥土来到了地面，然后接受了等候在那里的崇拜他的粉丝们的欢呼。这场逃脱术表演大获成功，所以乔·伯勒斯决定一年后再来一次。

1990年万圣节前夜，乔·伯勒斯在加利福尼亚州弗雷斯诺的黑胡子家庭娱乐中心表演。他又一次躺进了棺材。不同的是，这一次他选择了一个透明的、以塑料和玻璃为材质的棺材。塑料和玻璃不像木头那么坚固，但是透明的棺材可以让观众看着乔一步步走进他的"坟墓"。这个"坟墓"有2.1米深，比他一年前钻出来的那个还要深，当然也比差点儿要了胡迪尼性命的那个深一些。1989年，乔·伯勒斯的棺材上面的覆盖物是泥土；但是这一次，乔·伯勒斯又在覆盖物中加入了大量水泥，这就意味着，他不仅必须解开手铐，从棺材中逃脱出来，还必须徒手挖开厚达2.1米的泥土和水泥混合物。[4]

风险实在太大了。但是乔·伯勒斯依然相信他可以成功逃脱。家人、朋友、记者和同事们的警告，也没有吓倒他。他是如此自信，以至尽管发现棺材的一角折断了，他也没有打算中止表演。相反，他只是简单地用管道胶带把它粘了起来。

当然，这个故事的结局并不好。重达9吨的泥土和水泥压到了乔·伯勒斯躺着的棺材上面，不久之后棺材就被巨大的重量压垮了，在场的人都听到了清晰的破裂声。乔·伯勒斯真的被活埋了。

有许多因素共同导致乔·伯勒斯做出了这个最终夺去他生命的决定。其中有一个因素可能对我们所有人都有影响：风险习惯化。它的含义是,即便一种行为的实际威胁一直保持不变,但随着你不断做出这种行为,你也会倾向于认为这种行为的风险越来越小。你会发现,自己承担的风险越来越大[5],而对风险的恐惧却越来越少。

正如我们很快就会看到的,风险习惯化会诱使政客做出毁掉自己职业生涯、危害国家的决定,会引发司机的鲁莽驾驶,会导致工人在工作中承担不必要的风险。风险习惯化会影响你的安全、健康和财务状况。

为了理解这一点,先让我们来看看塔利和哈迪尔·哈吉·阿里(Hadeel Haj Ali)进行的一项研究。[6]在这项研究中,志愿者们需要一遍又一遍地玩20场轮盘赌,而且要等到最后,志愿者们才知道自己是赢了还是输了。塔利和哈迪尔发现,一开始,志愿者们只下一点点赌注,但是随着时间的推移,他们似乎玩得越来越得心应手,下注的金额也越来越大,于是他们承担的财务风险也不断升级。虽然在这项研究中,他们被允许下注的最大金额相对较小,但是你可以想象,在现实世界中,类似的风险升级会导致赌徒损失很多钱,在股市上亏钱也是如此(毕竟那也可以是一场赌博)。这确实是一个问题。

尽管如此,风险习惯化也有好处,它能帮助我们突破界限,过上更富足也更平静的生活,这对个人和物种的进步都有利。不过,要想深入了解如何平衡风险习惯化的利弊,我们必须先熟悉风险习惯化本身。

风险习惯化

请想象一下。有一天,你在树林里徒步旅行。你走上了一座美丽的小桥。桥下是一个水波不惊、倒映着蓝色天空的池塘。那是一个非常炎热的日子,所以,尽管明知有一定风险,你还是决定从桥上跳下去,在池塘里泡一会儿降降温。第一次跳的时候,你的心跳得很厉害,因为整个过程似乎相当可怕。幸运的是,你安全落在了水中。然后,你决定立即回到桥上,再尝试一次。这一次,你的心跳没有那么快了,你也不像第一次那么小心谨慎了。看起来似乎挺安全的。

这样,到第十跳时,你尝试做了一个后空翻。你不知道的是,在从这座桥上跳下去的人当中,有 1% 会被送进急诊室。按照这个概率,你连续几次安全落入水中并不奇怪,但是随着你一次又一次地跳水,你冒的风险也越来越大,你正把自己置于真正的危险之中。

在评估风险的时候,人们常常依靠自己的感觉。[7]当你准备做某件有风险的事情时——"有风险的事情"指它可能导致非常好的结果或非常糟糕的结果——你通常会经历情绪的波动,包括恐惧、兴奋,还可能夹杂着其他情绪。如果你准备在比特币上投资一大笔钱、与美丽的凯瑟琳约会、跳伞、坐过山车,你都会感到心跳加速、双手颤抖。你的大脑会把这些信号解释为你准备做出的行动有相当大的风险。这种感觉可以作为一个内在的刹车装置发挥作用——也许，你会克制自己，不从桥上跳下去。如果你什么都感觉不到，也就不会有什么刹车装置来阻止你前进。那样的话，你就会直接投下一大笔钱、向凯瑟琳求婚、从悬崖上跳伞。

读过前面的章节之后，你对情绪习惯化应该已经很熟悉了：如果某件事触发了你的情绪反应，那么随着你遇到它的次数越来越多，你对它的反应会越来越小。所以，你在冒险行为——比如从桥上跳入水中——之前感受到的恐惧每次都在减少。只要之前的冒险行为没有导致灾难（也就是说，你安全落在水塘中，而没有摔断骨头），这种情绪习惯化就会继续。但是如果你摔断了骨头，你就马上会开始去习惯化。

现在假设，你决定冒点儿风险做一些事情：在下雪的夜晚穿马路，从桥上跳入水中，边开车边发短信，无保护的性行为，超速驾驶，投资高风险股票，或者把自己活埋再破土而出。如果没有什么不好的事情发生，那么你的大脑就会把风险估计得低于最初估计的水平。毕竟，一切很顺利嘛。因此，你更有可能一次又一次地做出同样的行为，并非常心安理得地承担越来越大的风险。

到目前为止，这并不是完全不合理的。根据你过去的经历来估计你的风险并非疯狂之举。你其实是在更新你的信念。但是，你并没有太多的数据可以依靠。你只能依赖少数碰巧进展顺利的个人经历，而那往往会导致过度自信。

不妨让我们再回顾一下乔·伯勒斯的故事。他不是在某一天早上醒来突然决定要把自己活埋在一个透明棺材里,并在上面覆盖数吨泥土和水泥的。相反,他拥有好多次在不同环境下从各种各样的棺材里成功逃脱的经验。所以,他钻进棺材里就像钻进他的舒适区一样。既然他觉得这样做很舒服,那么在地下表演逃脱术似乎就是下一个合乎逻辑的步骤了。当他从地下1米多的地方成功逃脱出来后,再来一次的想法对他来说似乎也是合理的,只不过这一次还要在上面堆上大量泥土和水泥。乔·伯勒斯承担了越来越大的风险,每一次他对风险的感知都与实际情况进一步脱节。

在人类历史上,也充斥着这样的人,他们一步一步地承担了越来越大的风险,直到最大的那个风险在他们面前爆炸开来。以英国前首相戴维·卡梅伦为例。历史学家安东尼·塞尔登说:"戴维·卡梅伦将作为一个大冒险家被世人铭记。2011年,他让英国卷入了利比亚战争;2013年,他险些让英国在叙利亚参战;2014年,他呼吁进行苏格兰独立公投;2016年,他呼吁英国进行脱欧公投……作为政治史上最大的赌博之一,进行脱欧公投的决定是其中最引人注目的一场豪赌。"[8]

卡梅伦想当然地认为脱欧公投是一个安全的赌局。他相信英国民众肯定会投票支持英国留在欧盟,从而削弱他的政治对手的力量。但是,这个结果并没有发生。卡梅伦的赌博导致他在50岁时就彻底结束了自己的政治生涯,并改变了英国的历史进程。

除了习惯化,还有很多原因导致人们承担了越来越大的风险。像乔·伯勒斯这样的逃脱艺术家可能会因为他们的壮举而获得越来越大的经济回报。政客们可能需要冒越来越大的风险才能继续执政。不过，习惯化很可能起着主要作用。

旧帽子，新帽子

对我们大多数人来说，低估政治风险、低估活埋弄假成真的风险，都不会成为问题。然而，我们每个人身上都有一点儿戴维·卡梅伦和乔·伯勒斯的影子。

作为例子，考虑新冠疫情带来的风险。当疫情封锁刚开始时，塔利和她的同事调查了很多人，问他们是不是认为自己会被感染，以及他们认为这种病毒有多危险。[9] 人们普遍认为风险很高，他们既害怕又谨慎。几个星期之后（那个时候新冠病毒疫苗还没有问世），塔利再次询问了他们。结果发现大家已经变得越来越放松，他们认为风险并不像之前想象的那么大。虽然风险在最初几个星期里其实没有太大变化，但是人们已经拥有了一些"与威胁共存"的生活经验，并习惯了经常听到关于新冠病毒感染病例的报道。虽然死亡人数一直在增加，但是人们对这种病毒的亲身体验却大多是温和的。

因此，大多数人更有可能去做一些使他们面临感染风险的事情。可以肯定的是，有些人在一开始的时候夸大了风险，而另一些人则低估了风险。但是总体模式是"脱敏"。

对新的、不熟悉的风险，比对旧的、熟悉的风险更警惕是很常见的[10]，而且不一定是非理性的。正如我们在前面说过的，人们应该从经验中学习。然而，需要记住的是，经验是有限的，可能无法传达整个故事的含义。我们经常被相对较新的但没什么大不了的风险吓倒（比如转基因食品），而对那些会害死很多人的老风险却漠不关心（比如超速驾驶或不健康的饮食）。

这种普遍现象——"怕新不怕旧"——是风险习惯化的产物。随着新的和不熟悉的风险变成了老的、熟悉的风险，人们可能会认为它比实际情况小。习惯化也是有经验的投资者比没有经验的投资者持有风险更高的投资组合的众多原因之一。[11]

同样的趋势也表现在建筑工地和其他工作场所中。大多数施工事故都发生在项目的后期而不是早期。[12] 随着时间的推移，工人们习惯化了。他们越来越不觉得害怕，所以他们采取的防护措施越来越少。

记者尼尔·斯威迪（Neil Swidey）曾经讲述过清理波士顿港口的故事，这是一项不同凡响的工程，前后持续了10年之久。[13] 如果你今天参观波士顿港，你会看到令人惊叹的清澈碧蓝的海水，水面上点缀着白色的帆船。但是就在几十年前，波士顿港还是美国最脏的港口，严重污染的水域到处漂浮着垃圾。波士顿港的清理和改造是一项复杂的工程壮举，雇用了数以百计的工人，耗资高达40亿美元。它还夺去了好几个人的生命，而且他们都是在项目的后期丧生的。

在这个为期 10 年的项目的收尾阶段,一项高风险任务导致了两人死亡。这项任务要求 5 名潜水员进入海底数百英尺以下的管道中,移除沉重的安全塞。隧道里没有氧气,也没有光线,最窄的地方直径只有 1.5 米。潜水员们要一路潜水,游到 16 千米长的隧道的尽头,然后钻进一组只有 76 厘米宽的管道进行作业。

尽管这项任务很复杂,但是潜水员们只进行了为期两个星期的训练,而且只能依靠一个实验性的呼吸器来维持呼吸。最终,呼吸器失灵了,只有 3 名潜水员平安生还,而且他们逃离的时间也只剩下 30 秒。

根据斯威迪的报道,之所以发生这个悲剧,是因为项目经理和执行团队接受了过低的安全标准。在一定意义上,他们可谓功亏一篑。虽然在过去的 10 年里,同一个项目经理和执行团队一直表现出堪称完美的判断力和谨慎精神,但看到最后的成功近在眼前,再加上从来没有经历过任何不好的结果,他们对风险的认知出现了严重的扭曲。

"我们都知道,几乎每个木材厂都发生过导致锯木工失去几根手指的事故。"安全专家朱尼·达尔曼斯(Juni Daalmans)说,"这种情况通常发生在那些有多年工作经验的锯木工身上,因为他们在获得了经验的同时也失去了对风险的敏感性。"[14] 正如达尔曼斯解释的那样,你不必先成为一个锯木工、潜水员或魔术师,才能体验从对一切都觉得新奇到对什么都熟视无睹的转变;你在家里就可以体验这种转变。"习惯化是家庭生活中风险敏感度普遍较低的主要原因之一。很多事故都是在家庭内部发生的，因为我们太过于自信了。"正如他所指出的，"50%的严重事故都发生在家庭环境中，这一事实是习惯化的直接结果"。[15]

风险习惯化影响着我们所有人——在厨房内、在操场上、在游泳池中和在道路上，每年都有超过3.8万名美国人死于过于自信带来的风险。许多司机之所以不再小心谨慎，是因为他们已经很长一段时间没有出过事故了。

"摇晃一下"

1967年9月3日星期日凌晨4点50分整，瑞典全国的交通都停了下来。所有汽车、卡车、公共汽车、摩托车和自行车都完全停了下来，然后小心翼翼地移到了路的另一边。

这一天，是瑞典的"Högertrafikomläggningen"日，翻译过来，其字面意思是"右行交通日"。在这一天，瑞典将靠左行驶改成了靠右行驶。此举是为了使瑞典与其他斯堪的纳维亚国家保持一致。在那天之前，许多人都担心，司机们试图超车时会不会感到困惑，让车子转向错误的方向，或者离其他车太近。这似乎是一种完全合理的担忧。然而，令人惊讶的是，这一转变并没有导致交通事故的增加。相反，交通事故发生率和死亡人数都出现了大幅下降！汽车保险索赔的数量更是下降了40%。[16]

那么，到底是什么因素促成了这种现象？你可能也想知道。也许，靠右行驶要比靠左行驶更安全？但这显然不是答案，因为奇迹般的改善只持续了两年。看来主要原因在于风险去习惯化。[17]

如果你把人们从他们已经习惯的环境中拉出来，那么他们对风险的感知会被重置。这正是瑞典"右行交通日"那天发生的事情。在从靠左行驶突然切换到靠右行驶后，人们以为发生车祸的风险很高，因此开车非常小心，结果极少有人出事故。过了一段时间，人们又习惯化了，事故的数量也重新恢复到正常水平。但是，在那24个月的时间里，交通事故的减少挽救了许多生命。

这里有一个普遍的教训。如果你想让人们——你十几岁的儿子、你的员工，还有你自己——对某种风险去习惯化，你需要让某些东西"摇晃一下"。时不时地改变一下环境，改变一下背景，这样人们就能够走出自己的舒适区。例如，改变一下员工在流水线上工作的位置，或者将建筑工地警告标志的颜色换一下。甚至，只要稍微移动一下物体，你就可以增强注意力，改变对风险的感知。

这方面的一个很好的例子是，在2020年版新规中，美国食品药品监督管理局（FDA）要求烟草公司每个季度都要把提醒消费者注意吸烟风险（增加患癌症、心脏病等的可能性）的各种图形警告轮换一次。[18]假设你看到一个图形警告，它描绘了一个肺癌患者在医院痛苦求医的情景，第一次看到时（甚至在看到5次后），这个警告可能会吓你一跳。但是过一段时间之后，你就可能对它习惯化了，这个图形警告就会变成一种背景噪声，而这正是美国食品药品监督管理局担心的。该局认为，对各种图形警告进行轮换，应该有助于减少习惯化并引起消费者的警觉。所以它的解决方案是，展示描绘一个在医院里接受治疗的肺癌患者的图片，一段时间后再展示描绘一个满口摇摇欲坠的黄牙的人图片，以此类推。

现在，类似的方法在弹出式网络安全警告上也已经在尝试了。[19]你可能已经对这类弹出式警告相当熟悉了：当你试图访问像 lookagainbook.com 这样的网站时，会看到一条弹出消息，告诉你加密和身份验证协议存在问题。它的含义是，如果你访问这个网站，你就给了其他人窃取你的数据的机会，包括电子邮件、短信、银行账户详细信息、信用卡号码、照片等等。许多人都会无视这类警告，不顾风险地继续访问。信息技术安全专家认为，对于这种行为的一个解释是，许多人已经对这样的安全警告习惯化了。由于警告频繁出现，网络用户甚至完全不再注意它们。

为了研究这个问题，谷歌公司、匹兹堡大学和杨百翰大学的一组研究人员记录了人们在看到一系列弹出式警告时的大脑活动。[20]他们发现，弹出式警告第一次出现时，处理视觉刺激的视觉皮质的活动很强烈；同样的警告第二次出现时，视觉皮质的活动强度就显著下降了；第三次出现，又进一步下降；以此类推。这是非常经典的神经适应。

所以，这个研究小组决定对警告信息做出一些改变，他们采取的方法非常简单粗暴，就是直接让警告信息"摇晃一下"（shake it up）——真的就是字面意义上的"摇晃一下"！[21] 他们仍然使用原来的警告信息，但是会让它们旋转一下、摇晃一下、放大一下。结果表明，这样做可以大幅度减少神经适应。不仅视觉皮质的活动强度下降得更少了，而且对用户移动鼠标路径的跟踪也表明，这种更"时髦"的警告吸引了更多用户的注意。因此，对于如何促进去习惯化这个问题，答案就是做出改变。改变环境，改变规则，给人惊喜，就可以启动去习惯化。

模拟灾难

引发去习惯化的另一种方法是让人们体验负面结果。试想一下，你正在笔记本电脑上埋头工作，屏幕上突然出现一条警告信息："您的连接不是私密连接。攻击者可能会窃取您的信息。"你可能会直接忽略这条信息，就像你以前做过很多次的那样。然而，这一次情况却有所不同。

几秒钟后，你的笔记本电脑屏幕开始闪烁起来，浏览器自动关闭了！一番手忙脚乱之后，你重启笔记本电脑，但是发现还是有些地方不太对劲。当你尝试登录你的电子邮件账号时，你的密码竟然失效了。而且，你也不能访问你的银行账号了。一下子，你心跳加速，心脏简直要蹦出胸腔了。你汗如雨下，流到脚下的汗水几乎积成了一个小水坑。你打电话给银行，惊恐万分地发现你的账户已经被清空了。如果给你来这么一下，你在未来再次忽视网络安全警告的可能性还有多大？我们有理由相信，这种可能性应该会很小。你已经受到了严重的伤害，学到了惨痛的教训，因此以后你肯定会更加认真地对待网络安全警告。

现在，再想象一下，几个小时之后，你的配偶打电话给你，告诉你刚才是他入侵了你的电脑，他这样做是为了给你一个教训。你所经历的其实只是一场"模拟"事故。很显然，这种"模拟"可以让你真切地体验一场灾难，令你感到无比后怕，同时又不会在现实中受到伤害。经历了这样一次模拟之后，你的风险习惯化就会被打破。即便你并没有经历过真正的网络攻击，这个事件也足以改变你的行为。

有一种强大的工具可以用来模拟负面结果，那就是虚拟现实。例如，试想一下，建筑工人利用3D眼镜经历一场虚拟事故的可能性。[22]这样的事故也许是，一块木板突然裂成了两半，导致站在上面的工人快速坠落到地面上。利用虚拟现实技术，坠落的感觉可以非常真实，能够引发强烈的本能反应。这种反应可能会重置工人的"风险耐受水平"，从而使工人在现场工作时更加小心谨慎。

类似地，我们可以用模拟车祸的虚拟现实工具来重新调整有经验的司机的"风险耐受水平",就像可以用飞行模拟器来训练飞行员一样。虚拟现实工具能够欺骗你的大脑,让你感觉自己好像马上就要完蛋了,同时在现实生活中你却不会受到伤害。因此,虚拟现实可以触发去习惯化。

但是,这种方法只有在人们短时间内不会反复经历虚拟现实事故的情况下才能见效;否则,他们反而可能会习惯化,而不是去习惯化。不妨以塔利和她的同事哈迪尔·哈吉·阿里做的一个实验为例来说明。[23] 在这个实验中,他们要求志愿者们进入虚拟现实,走上悬空放置在摩天大楼 80 层楼边上的一块跳板,然后跳下去。跳板是虚拟的,但是感觉非常真实。虽然志愿者们知道自己实际上是在安全的地板上行走,但是这种沉浸式的体验欺骗了他们的大脑,让他们以为自己是在高空的一块薄薄的悬空跳板上行走。往下面看,汽车和人都显得很小,而身边飞过的飞机和鸟看起来却很大。他们的恐惧是真实的,走上这块跳板感觉确实非常危险。

有一些志愿者甚至拒绝在跳板上迈出哪怕小小的一步。不过,大多数人在第一次尝试时都能够勉强走上一两步。当他们第二次走到跳板上时,就可以多走几步了。当他们第三次走上跳板时,又多走了几步。然后继续尝试。大多数人在尝试了五次之后(并且通常是在第十次之前),就走到了跳板的边缘,然后跳了下去。就这样,随着时间的推移,他们对走跳板越来越不再感到焦虑。我们之所以知道这一点,是因为塔利和哈迪尔要求这些志愿者在整个实验过程中随时对自己的情绪进行评估,结果发现随着时间的推移，他们的焦虑程度越来越低。

在塔利的实验室里，研究人员哈迪尔·哈吉·阿里在虚拟的跳板上行走。图的右边是现实世界，左边是哈迪尔正在经历的虚拟现实。

因此，如果目标是让人们不再恐高，那么这样的虚拟现实体验无疑是非常有用的。但是，如果目标是让人们更加谨慎，你肯定不会希望他们反复使用这种虚拟现实技术，因为他们多次尝试后对高风险事物的恐惧可能会习惯化。

虽然我们有理由认为，在未来几年里，各种各样的"一次性"虚拟现实技术将会越来越多地用于事故防范和安全教育，但是虚拟现实技术本身并不是实现这一目标的必要条件。另一种重置人们的风险感知的方法是，让他们在"现实生活"中经受伤痛，但只是一点点。以儿童为例。意外事故是儿童死亡的头号原因[24]，而且其中一些事故就是风险习惯化带来的。如果孩子们在做出相对危险的行为之后没有受到任何伤害，比如越过高高的篱笆并毫发无伤，那么他们就会变得过于自信并不再恐惧，进而做出危险性更高的鲁莽行为。但是，如果你允许你的孩子受一点点伤害，那么就有可能减少孩子在未来遭受更严重伤害的可能性。这是因为，一个小小的负面结果就足以让孩子恢复谨慎的行为。

当然，我们无法永远确保自己或他人"只受到一点点伤害"。因此，另一种常见的去习惯化方法是进行定期的风险培训，特别是在私营和公共机构，以提醒员工注意持续存在的风险（例如与网络安全相关的风险）。这样的培训可能会让员工对相关的危险因素有一个清晰而生动的感觉（即便他们还没有直接经历过）。这种培训的具体形式多种多样，例如，可以讲述发生在别人身上的事故，特别是不幸的灾难事故的细节，因为知晓别人的不幸往往会引发情绪上的反应。

即便进行了风险培训、虚拟现实模拟和"摇晃一下"，也仍然可能发生风险习惯化，所以我们还需要额外的解决方案，而不能仅仅依赖于个人的选择。也就是说，我们必须拥有能够确保活动安全的解决方案，即建立即使个人全无敬畏之心或过分自信也能保证安全的架构。这样的解决方案通常是最优的。例如，政府可能会直接规定，不允许任何工人接触到致癌性高于一定水平的物质。这种规定不是要求人们避免接触致癌物，而是直接禁止接触，没有任何讨价还价的空间。

类似地，法律可能直接要求你在骑摩托车时戴好头盔，开车时系好安全带。如果这样的规定确实落到了实处，那么即便随着时间的推移，你对自己的"免受伤害的能力"过度自信，你也会更加安全。自动驾驶汽车的前景在很大程度上就反映在这一点上。因为自动驾驶汽车的安全性不依赖于司机的警惕性，即便司机过于自信或不够警惕，自动驾驶汽车也应该能够避免事故。同样地，"设计时就确保安全"也是一种将网络安全融入技术产品的努力。

风险习惯化的光明面

在本章中，我们主要关注风险习惯化是如何导致事故和损失的，为此举了从逃脱艺术家到司机的一系列例子。然而，通常情况下，当一个心理过程看起来不太合我们的心意时，只要继续深入挖掘，总能发现它在进化的维度上有很好的理由。

如果没有风险习惯化，我们可能永远都是一群因恐惧而陷入瘫痪、无法行动的焦虑者。我们每个人都会恐惧，只是有些人比其他人更理性一些。也许你害怕站在高处，害怕搭乘飞机出行，不敢下水游泳；也许你害怕自己会心碎，没有胆量发表公开演讲，有病也不敢去看医生，害怕受到批评。然而，这些就是习惯化的用武之地。如果你故意让自己直面恐惧，那么你的恐惧就会慢慢消退，你就会有勇气去拓展你的世界。当你第一次做某事时，你可能会感到害怕。（还记得你最初学游泳时的情景吗？还记得你第一次在高速公路上开车是什么时候吗？还记得你的初吻是怎么发生的吗？）但是无论如何，你做得越多，你就会变得越放松。如果你的大脑不断地对过去从来没有伤害过你的刺激做出强烈的恐惧反应，它就会使你筋疲力尽，寸步难行。

风险习惯化对人类的进步至关重要，尽管它会导致风险被低估。人类同样需要那些低估风险的人（包括企业家、宇航员、艺术家、运动员等等），只有在少数人取得成功之后，所有人的界限才能扩大。用著名的攀岩家亚历克斯·杭诺尔德的话来说，也只有那样，"那些看起来似乎完全疯狂的目标最终都进入可能的范围之内"。[25]

9
环境：

夏天，身在南方的你住到了养猪场边上

他能够适应我们人类最令人陶醉的技术和不受控制的人口增长的破坏性影响，适应纽约或东京的肮脏、污染和噪声。然而这正是悲剧所在。

勒内·杜博斯
(René Dubos) [1]

不久前，塔利乘坐火车从纽约前往波士顿，一路上，塔利望着窗外，看到美丽的白色大房子整齐地排列在铁路两旁。火车行驶时发出的咔嗒、咔嗒的声音，难道不会把居民们逼疯吗？塔利很想知道。然后，她又做了对自己的职业深感自豪的许多社会科学家都做过的一件事情：有问题，问 Quora（问答网站）。

任何一个人问 Quora 之后都会意识到，自己脑海中产生的任何想法都曾经在别人的脑海中产生过无数次，并已经被永久记录在网络上了。这让人既欣慰又不安。确实，以前就有好几个人问过塔利想问的这个问题，也有不少人提供了答案，还有人分享了自己的经历。安西·纳里宁是在铁路旁长大的，他回答道："住在铁路边，会经常听到火车开过。即便开着窗户，我也可以睡得很安稳。火车的声音不会打扰我。但是正如我注意到的，有亲戚来家里小住的时候，如果他们不习惯这种声音，火车经过会带给他们很多困扰，让他们睡不着觉。"[2] 住在铁路附近的其他 Quora 用户也同意纳里宁的说法。他们说，只要过一段时间之后，他们就完全习惯了这种声音，但是来做客的人的睡眠会受到干扰。

"情况可能还会更糟，"住在机场跑道旁的布雷迪·韦德说，"夏天到南方的养猪场边上住段时间试一下，你就知道厉害了。"[3] 然而，那些真的一直生活在养猪场边上的人可能会有不同的看法。他们已经习惯了猪发出的呼噜声和气味，而住到机场跑道旁的想法却着实让他们害怕。正如喜剧演员罗伯特·奥本所说："噪声污染是一个相对意义上的事物。在城市里，一架喷气式飞机起飞的声音才算噪声。而在修道院里，一支笔在墙上的刮擦声就是噪声了。"[4] 不仅噪声污染是这样，空气污染、光污染、水污染也都是相对的，它们对你造成的困扰的严重程度取决于你过去的经历。对此，韦德是这样说的："我们人类会自然而然地适应下来，我们会在不知不觉中学会与这些压力共存。"[5]

这是一种非凡的能力，它能够帮助我们维持一种可以忍受的生存状态。你终究会习惯嘈杂的噪声、难闻的气味、肮脏的空气和不洁净的水。然而，正如我们马上就会看到的，你适应各种污染的能力，也意味着付出高昂的代价。

一切都是相对的

塔利以前在纽约市区住过好几年，但是她现在一年中的大部分时间都住在马萨诸塞州的一个安静的小镇上。由于新冠疫情，她曾经整整两年没有到过纽约。现在，当她回到纽约时，她发现这个城市和以前一样令人着迷和兴奋。然而，它看上去似乎比过去脏了一点儿、更繁忙了一点儿，而且气味似乎也变得难闻了一些。

那么，到底是这座城市变了，还是塔利自己变了？让我们先考虑一项可以给我们提供一些线索的研究。

在20世纪80年代初，研究人员邀请加州大学洛杉矶分校的新生参加一项关于移民的研究。[6] 洛杉矶在美国空气质量最差的城市榜单上排名第一[*7]，这当然不是一个值得骄傲的"荣誉"。在所有发达的西方国家范围内，洛杉矶也被认为是空气质量最差的城市之一（紧随其后的是纽约市）。更加重要的是，加州大学洛杉矶分校恰恰位于一个雾霾特别严重的地区的正中央。这些新生都是在三个星期前才进入校园的。有些人是从洛杉矶市的其他区过来的，而另一些人则来自空气污染程度较低的其他城市，包括檀香山和波特兰这两个美国空气污染最不严重的城市。

苏珊娜和达里尔是自愿参加这项研究的新生中的两位。达里

---

* 我们注意到，不同的榜单给出的排名略有不同。

尔在洛杉矶市中心长大，苏珊娜在怀俄明州的夏延长大（夏延是美国空气最洁净的城市之一）。当她们来到实验室后，研究人员向她们展示了一些户外场景的照片，比如城市的天际线，或者可能看到山的山谷。一半的照片有雾霾，另一半则没有；而在那些有雾霾的照片中，雾霾程度从最轻微到最严重各不相同。在看到每一张照片之后，苏珊娜和达里尔必须判断是否存在雾霾污染。苏珊娜比达里尔更有可能在看到照片后报告存在雾霾污染，而达里尔只有在发现雾霾程度相当高的时候才会报告存在雾霾污染。苏珊娜和达里尔感受到的雾霾程度是她们的习惯化程度的函数。

当然，不只是苏珊娜和达里尔如此。那些从空气洁净的地区来到加州大学洛杉矶分校的新生更容易注意到空气污染。这个结果意味着，你在感知周围环境时，所依据的并不是空气中颗粒物数量有多少这样的客观标准，而是取决于你所熟悉的东西的主观标准。你住的地方不同——你是住在伦敦还是莫斯科，哥本哈根还是北京，纽约还是马萨诸塞州的郊区城市，洛杉矶还是檀香山，柏林还是罗马——判断标准就会不同。

试想一下，假设你出生在一座充满雾霾的城市，而且从未离开过那座城市，那么你可能会认为雾霾很正常。只有当空气中的雾霾比你习惯的基准水平还要严重时，你才会感受到污染。但是，如果你一生中大部分时间都生活在空气清新的地区，你就会习惯蓝天，因此即便只有一点点雾霾也会显得很明显。这个结果可能令人吃惊，但它就是人们常常没有意识到自己生活在高度污染的环境中的原因。例如，在英国，只有10%的人认为他们生活的地方空气质量很差，尽管英国88%的地区的空气污染程度都超过了法定上限。[8]

由此可见，如果你在雾霾很严重的地区生活了足够长的时间，以至无法注意到雾霾，那么你就不会认为雾霾是一个问题。这正是研究人员发现的结果。当研究人员要求列出作为一所区域性大学需要优先解决的问题时，像苏珊娜这样的外来者比像达里尔这样的长期居民更有可能提到雾霾问题。来自怀俄明州的苏珊娜、来自夏威夷的埃塞尔和来自俄勒冈州的拉里等学生，比来自洛杉矶市中心的达里尔或来自北好莱坞的哈丽雅特等长期居住在洛杉矶的学生更有可能提到呼吸问题。达里尔和哈丽雅特认为，她们的健康不像从外地新来的学生那样容易受到雾霾的影响。[9]

那么，达里尔和哈丽雅特的观点是正确的吗？难道说，她们在雾霾弥漫的城市长大，身体就会变得不那么容易受到雾霾的影响吗？她们的陈述可能有一点是真实的：确实有研究表明，身体会发生某种变化，以适应污染。从生理上讲，如果你接触某种潜在有害污染物一段时间，那么你的身体对它的反应有可能会减弱。[10]但是，也有可能达里尔和哈丽雅特只看到了一半真相。大多数人都是戴着有色眼镜看世界的（我们中有一个人还专门就这个问题写了一本书）。我们往往倾向于认为自己比一般人更聪明、更有趣、更开心。[11]我们还倾向于认为自己感染新冠病毒的可能性比别人更小[12]，出车祸的概率也更低，而升职的可能性更大。我们还会认为，我们所在城市的医疗保健体系比附近的城市更好。而在气候变化问题上，许多人都看到了总体风险很高，却

相信自己所在的城市肯定会没事！ [13]

上面提到的这些看法，其中一些只是一种简单的否认，还有一些则涉及人们永远都会抱有一线希望的心态和试图对现有事物进行合理化的倾向。因为达里尔和哈丽雅特一直都生活在污染严重的城市，所以她们有更大的动力认定自己对雾霾的抵抗力特别强。认为雾霾和噪声是无害的，认为自己对这些是免疫的，可以帮助达里尔和哈丽雅特减少压力和焦虑。

从理论上说，苏珊娜在从空气新鲜的怀俄明州搬到洛杉矶后，一开始可能会因为污染而不开心，但是随着她对这些逐渐习惯化，她应该会变得快乐起来。然而，令人困惑的是，根据现有数据很难观察到这种趋势。也就是说，人们在污染地区生活一段时间后并不一定会比他们刚刚到达那里的时候更加快乐。[14]

为什么会这样？我们咨询了吉尔大学健康与社会政策研究所的克里斯托弗·巴林顿-利（Christopher Barrington-Leigh）教授。克里斯托弗回答道："这涉及如何将锚定于其他地方的固定效应与你栖身的地方的污染程度区分开来。这听上去就很困难！"

这句话可能需要我们"翻译"一下。克里斯托弗说的是，当人们从一个地方搬到另一个地方并开始适应下来时，许多不同的因素都会影响人们的幸福感，其中不少因素与污染毫无关系。他们来到一个新的地方后，在那里有一份好工作吗？交到朋友了吗？停车方便吗？这些因素与污染程度没有直接关系。但有些因素则与污染高度相关。例如，污染严重的地区可能交通更加拥堵，而这意味着更长的通勤时间。污染严重的地区可能聚集了更多的人，这意味着更多的社交机会。所有这些因素都可以从不同的角度影响你的幸福感，研究者不可能把它们全都考虑在内，也不可能精确地区分出在人们适应新环境的过程中，污染本身对幸福感的影响。

因此，虽然现在学术界已经对空气污染与幸福感之间的关系做了不少研究，但是仍有一些重要问题没有得到解答。虽然有研究表明，檀香山（或波特兰，又或者任何其他较清洁的城市）的居民，并不一定比洛杉矶（或纽约，又或者任何其他污染严重城市）的居民更加快乐，但是确实有研究表明，在同一个城市里，在污染程度高于当地平均水平的那些日子里，人们往往不那么快乐。[15] 因此，空气质量的短期恶化会降低幸福感。这正是习惯化的有力证据。这种现象意味着，如果你习惯了清新的空气，突然经历一天的高浓度雾霾（也许是强风从其他地方吹过来的），那么你在那一天的幸福感会比其他时候低。但是，如果每天都是高浓度雾霾天气，那么你的幸福感反而可能不会受到太大影响。

每天洗 0.7 个澡

在精心控制的实验室实验中，我们可以让一幅更清晰的画面浮现出来。实验室实验的优势在于你能够精确地控制许多因素，这在调查问卷中是很难做到的。不妨以20世纪90年代初在丹麦进行的一项实验为例来说明。两位科学家，拉尔斯·冈纳森（Lars Gunnarsen）和奥利·范格（Ole Fanger），邀请了一群丹麦志愿者进入"气候变化舱"做实验。这些气候变化舱配备了取暖机、空调和其他多种设备[16]，因而是高度可调节的，拉尔斯和奥利随时可以完全控制和测量里面的空气成分。

一开始，拉尔斯和奥利让志愿者分组（每8人一组）进入一个封闭的房间。研究人员将要检测的污染水平是由志愿者自己"制造"出来的。请读者不要误解我们的意思，这些志愿者都是一些很爱干净的人。根据实验报告，他们每天都会换内衣，平均每24小时要洗0.7次澡。尽管如此，每个人还是会或多或少散发出污染空气的气味，这是不可避免的。

拉尔斯和奥利发现，在进入房间的那一刻，人们报告的气味强度比他们进入房间8分钟后报告的强度要高得多。又过了2分钟，他们报告称只剩下轻微的气味，而且是完全可以接受的。

然后，拉尔斯和奥利让志愿者进入一个充满烟草烟雾的房间，结果也发现了类似的情况。如果你的年龄足够大，你可能还记得自己早年进入一个烟雾弥漫的俱乐部的经历（在立法禁止公共场所吸烟之前，这是常有的事）；当你试图在烟雾弥漫的房间中前行时，香烟的气味马上充满了你的肺。你甚至有可能还记得商用飞机允许吸烟的日子，每一次飞行几乎都是一场烟雾盛会。然而令人觉得不可思议的是，不到20分钟，大多数人就完全忘记了自己周围那些浓重的烟雾——直到第二天,当强烈的烟味从前一天晚上穿的衣服上飘进鼻孔时,才会想起来。[17]

这两位丹麦科学家据此得出结论,对污染的习惯化可能是人们对封闭区域内空气质量差的抱怨相对较少的原因之一。只要气味是相对恒定的,也就是说,只要烟味或身体气味的强度不会突然改变,人们就能在短时间内习惯化。

因此,要想让人们关注恶劣的空气质量(无论是室内还是室外),就需要去习惯化。如果解除了对吸烟或烟雾的习惯化,人们就更可能对更好的环境提出要求。为此,不妨考虑使用"清洁空气舱",它可以在短期内造成对污染的去习惯化。具体的想法是,建立一个空气质量很高的小型空间,人们可以进去休息一段时间。然后,一旦人们走出"清洁空气舱",回到大街上,他们就更容易注意到空气污染。

你可能还想知道,为什么人类会进化出这样一个能让我们在短暂的习惯化阶段之后就停止感知怪味、雾霾或烟雾的大脑。要回答这个问题,不妨先来考虑一下语音编辑。技术人员在准备录制一个片段时(比如纪录片中的采访录音),一般要先录下几秒钟的"安静时间音频",这段录音提供了背景噪声(比如空调运转的声音和外面传来的交通工具的声音),以便日后"减去"这些声音,让更重要的部分(比如谈话)凸显出来。我们的大脑就像专业的录音师一样,也要对输入进行编辑,它会过滤掉噪声、气味和其他"背景"刺激,这样才能更容易地检测到新的、更重要的刺激。这种机制对我们人类的生存至关重要。

试想一下，一只狗已经在玫瑰盛开的花园里伏卧了几个小时，因此它的嗅觉神经元一段时间后就会停止对一直存在的玫瑰气味做出反应，这可以帮助狗更容易地察觉到快速靠近的郊狼的微弱气味。[18] 这一切当然都非常重要。但是，当大脑过滤掉一些并非无害的"背景刺激"时，也会出现严重的问题，因为这些刺激正在非常、非常、非常缓慢地杀死我们。

如果青蛙还能跳，它就会跳

1869 年，德国生理学家弗里德里希·戈尔茨（Friedrich Goltz）打算通过实验寻找灵魂的物理位置。他怀疑，灵魂存在于大脑中。为了验证他的假说，他用两只青蛙做了一个实验。一只青蛙是健康的、完整的、活蹦乱跳的；另一只青蛙也是活蹦乱跳的，但是它的大脑被切除了。戈尔茨把两只青蛙都放进一大锅水里，然后慢慢地把水烧开。[19] 请你猜猜看，接下来发生了什么？

是的，你猜对了，被切除大脑的那只青蛙留在了大锅里。没有神经系统的青蛙是跳不起来的。当水温达到 25 摄氏度时，另一只完好无损的青蛙就以惊人的弹跳力一跃逃离了大锅。

然而，几年之后，由海因茨曼和弗拉切尔这两位科学家进行的另外两项研究却得到了与戈尔茨的发现相矛盾的结果——只要那锅水是缓慢地逐渐加热的，完好无损的那只青蛙就不会尝试逃离。[20] 青蛙一直忘乎所以地泡在水里，没有意识到水的温度在逐渐上升，直到在不知不觉中被煮熟。

为什么这两位科学家会观察到与戈尔茨截然相反的结果，原因尚不清楚。不管怎样，"温水煮青蛙"很快就变成了缓慢发生的危险变化的隐喻，而气候变化就是其中一个突出的例子。

后来，在进行了更多的研究后，人们发现原来戈尔茨才是正确的。只要水达到一定的温度，青蛙就会跳出来，不管水温上升得有多缓慢。[21] 这个结果一度引发了激烈的辩论，许多人质疑继续用"温水煮青蛙"的故事来类比人类的状况的恰当性。不少诺贝尔奖得主[22]，还有《纽约时报》畅销书作者[23]，都对这个问题表达了自己的看法。有些人持否定立场，认为使用这个类比是不合适的，因为我们知道青蛙会跳出来（前提是青蛙拥有一个完整的大脑）。另一些人则声称，即使科学证据表明青蛙会及时跳出锅，继续使用这个类比也是完全没有问题的。[24]

我们则对"温水煮青蛙"的故事提出了一个新的解读，而且它可能是所有人都能接受的。把青蛙放在一口装了水的锅中，慢慢加热，由于青蛙是一种相当高等的动物，因此它在被活活煮熟之前会及时跳出锅，但是它跳出锅后，最终还是会"发现"那口锅是漂浮在一大片水面上的，而且水面本身也在非常非常缓慢地被煮沸。青蛙终究无处可逃！

温暖还有更暖，炎热还有更热，直至燃烧

不管青蛙这种两栖动物了，说说我们人类自己吧。只要温度上升的速度非常缓慢，我们人类这种智慧生物是不是就一直会波澜不惊地漂浮在"火锅"里呢？还是会大声喊叫着呼吁采取行动？来自麻省理工学院、加州大学戴维斯分校、温哥华和博尔德的一组科学家试图在推特上找到这个问题的答案。[25]他们想知道，当令人不安的气候变化趋势逐渐形成之后，人们是不是真的注意到了它；而且如果人们对此觉得担惊受怕并想发声呼吁，那么推特肯定应该是他们做出这种行动的首选地之一。

试想一下，你住在伦敦，有一天气温上升得非常高，达到了32摄氏度。你可以打赌，在这一天，几乎每个伦敦人都会讨论天气。相比之下，如果你住在迪拜，没有人会注意32摄氏度的气温，但是，一场大雪肯定会引起轰动。这是因为，只有当天气突然变得与人们习惯的日常天气相比有非常突出的不同时，即只有当天气令人惊讶时，人们才会注意到并谈论它。

现在再想象一下，假设迪拜在过去10年里每年都下了很多场雪，那么当暴风雪再次降临这座城市时，你还会向你的朋友和家人提起这件事吗？如果你住在伦敦，第一天32摄氏度，第二天31摄氏度，第三天30摄氏度，第四天29摄氏度……你还会向同事抱怨天气炎热吗？

为了找到这个问题的答案，以弗朗西丝·穆尔（Frances

Moore)为首的一组科学家"窃听"了人们在推特上的对话。在2014年至2016年期间,他们统计了每个星期与天气相关的推文的数量,结果发现,如果某个时间和地方的天气显得很不寻常,那么人们就会发布更多关于天气的推文。也就是说,如果缅因州的湿度很高,你会在缅因州看到许多与天气有关的推文,但是佛罗里达州出现同样高的湿度却不会引发什么推文,因为佛罗里达州的天气通常就是非常潮湿的。在一个经历了一段时间比基线水平更温暖的天气的地区,与天气相关的推文在炎热的日子里出现的次数比在寒冷的日子里更少;而在一个经历了一段时间比基线水平更寒冷的天气的地区,与天气有关的推文在寒冷的日子里出现的次数比在炎热的日子里更少。

平均来说,人们要花2～8年的时间才不再认为极端气温是不寻常的。这是因为人们需要一定时间才能调整自己对"正常天气"的看法。然而到最后,出现极端天气的日子也可能会被认为是地球上平常的一天。

弗朗西丝和她的团队认为,他们得到的数据表明确实存在一种"温水煮青蛙"效应,并警告说:"在逐渐变化的环境的负面影响变得常态化之后,人们就永远不会采取纠正措施了。"[26]习惯化会造成障碍,因为人们如果不能察觉到变化,就不会认识到问题所在。而在普通人认识不到问题的时候,气候社会活动家的工作就会变得更加困难。

还有一个问题没有得到回答:在天气一直非常缓慢地发生变化的情况下,我们真的会感觉不到非常热或非常冷的天气吗?还是我们只是没有在推特上讨论这种变化？我们真的会在情绪上和身体上完全对天气变化习惯化吗？对于这个问题，弗朗西丝和她的团队未能在数据中找到直接证据。然而，一系列精细地控制了体温并测量生理反应的研究表明，答案是肯定的。

颤抖越来越少了

1961年3月，一群来自肯塔基州诺克斯堡的军人参加了一个不寻常的、有点儿令人不愉快的实验。[27]研究人员要求这些人脱光衣服，在一个温度受到严格控制的房间里度过31天，每天8小时。房间的温度被精确地设定在11.8摄氏度，而正常的室温则介于20摄氏度到25摄氏度之间，因此赤身裸体进入房间后，这些军人颤抖得厉害。研究人员每天测量这些军人的生理反应，结果发现，他们一天比一天颤抖得少了。

颤抖是对寒冷引起的压力的一种反应，它能够通过肌肉运动产生热量。尽管颤抖的次数减少了，但是这些军人的直肠温度则保持不变（我们前面已经告诉过你，这个实验是"有点儿令人不愉快"的）。这意味着这些军人的身体已经适应了寒冷的室温——他们不需要更多的颤抖就产生了足够的热量。

你可能会说，这些军人会不会因为接受过军队训练而变得特别容易对寒冷习惯化。但是，诺克斯堡的这些军人并不是例外。在平民中也观察到了同样的现象。例如，2014年，在另一个实验中，研究人员要求一组男性平民每天在14摄氏度的水中泡3小时，持续20天。[28]我们不知道他们每天花那么长时间在浴室里能够做些什么，但是无论如何，再一次，随着时间的推移，这些男性的颤抖逐渐减少了，他们报告的不适也越来越少。同时，他们的血液检查显示，随着时间的推移，他们受到的压力也在减少。他们逐渐习惯化了。

我们每个人都有能力在生理上习惯化不舒服的天气，但是问题在于有许多人偏偏不允许这个自然过程发生。我们借助滚烫的花草茶和鸡汤来抵御寒冷；我们戴上了手套、羊毛帽，围上了围巾；我们生起一堆堆温暖的火。类似地，我们用空调、冷水澡和冰茶来降温。虽然严格地说，改变我们的行为使我们不那么容易受冷热变化的影响也是适应的一种形式，但是它阻碍了生理上的习惯化。因此，为了适应寒冷或炎热的天气，我们需要放弃大衣或电扇，每天都让自己暴露在不适之中几次。如果我们坚持这样做，那么在几个星期之内，我们的身体就会发生变化，我们会觉得不那么冷或不那么热了。[29]

当然，我们的习惯化能力和适应能力都是有限的。暴露在过于极端的温度下，你最终可能会死于非命。但是，在一个合理的范围内，习惯化确实可能是既快速又有效的。请想一想上次你跳进一个冰冷的游泳池或走入一个热气腾腾的桑拿浴室时的情景。

在最初的几秒钟里，你会有相当强烈的不适感，但是它随后就迅速消退了，有时甚至会完全消失。

将行为适应（适当使用空调或暖气，洗冷水浴，穿上运动衫，安装双层玻璃窗等）、对极端条件的正常化（将极端天气、烟雾和持续的噪声视为一种常态，因为它们变得越来越频繁了）、以及生理上的习惯化（身体适应环境的自然倾向）这三者结合起来，使得我们即便在很热、极冷、烟雾缭绕、噪声不断的环境中也能工作，但是这可能要付出不菲的代价。习惯化和适应会让我们浑浑噩噩地在水温逐渐上升的大锅里快乐地漂浮，然而这种情况不可能永远持续下去。正如环境学家勒内·杜博斯[30]指出的，习惯化和适应可以帮助我们在生态危机中生存下来，但是最终会破坏人类的生活质量。有些专家甚至比他更加不乐观。

采用仪表飞行规则，摒弃目视飞行规则

关于空气污染，特别是关于气候变化的争论是非常复杂的，我们在这里的讨论也只是挂一漏万。很显然，有太多的政治和经济因素影响着人们的观点。我们试图强调的一个不太明显的因素是，由于习惯化，空气质量和气候的缓慢重大变化可能会被

忽视。

人们通常能够注意到快速的变化，比如洪水、野火、极端高温和干旱，这些都是人们无法完全视而不见的。但是，当温度和天气非常缓慢地发生变化时，我们就察觉不到它们。我们现在没有注意到的一些变化，可能最终会对我们的生活产生严重的负面影响。这些变化增加了发生极端有害事件的风险，而且我们可能无法应对这些事件，因此等它们真的发生时就为时已晚了。然而幸运的是，通过尽可能全面地测量我们可以测量的东西，应该更容易看到一些问题：排放的温室气体，以及其他标准的空气污染物，如颗粒物、臭氧、氮氧化物、铅和二氧化硫等等。

对于许多环境问题，由于习惯化的存在，我们的感受和感觉可能不足以充分地指导我们判断好与坏、安全或危险，因此我们需要找到能够客观评估风险的方法。这就是说，我们需要从使用目视飞行规则（Visual Flight Rules，VFR）切换到使用仪表飞行规则（Instrumental Flight Rules，IFR）。当飞行员在能见度良好、晴朗无云的天空中飞行时，他们可以依靠自己的眼睛和大脑来评估到了哪里，以及他们需要做些什么才能安全到达目的地。但是，假设你是一名飞行员，只有当飞机窗外有足够的信息传来，让你的大脑知道你在哪里以及如何到达你要去的地方时，依靠感官驾驶飞机才是安全的。如果必要的信息被云、雨、雾等遮挡了，就必须依靠技术。

仪器能够显示你的确切位置、速度和角度。在许多时候，这些信息甚至会与你的感觉相矛盾，例如，在眩晕的情况下，飞行员感觉他们正在向天空上升，而仪器显示他们正在迅速向地面下降。忽视仪器和依赖感觉导致了多起飞行灾难和很多人的死亡。

现在，我们正在进入使用仪表飞行规则的时期。我们不能仅仅依靠视觉、触觉、情感和记忆来评估环境的变化，我们需要借助科学技术为我们提供准确的信息（如温度随着时间的推移而发生的缓慢变化），并利用这些数据来指导我们的行动。立即采用仪表飞行规则，摒弃目视飞行规则吧。

LOOK AGAIN

第四部分
社会

10

进步：

打破低预期值的枷锁

我们必须学会如何接受惊喜。不要调整我们自己。

亚伯拉罕·约书亚·赫歇尔
(Abraham Joshua Heschel) [1]

20世纪50年代初的一天，在阿根廷布宜诺斯艾利斯，一个名叫豪尔赫·布凯（Jorge Bucay）的小孩看了一场精彩纷呈的马戏团表演。[2]整个表演场面十分壮观，空中飞人、小丑、杂耍演员和魔术师轮番登场，演出一时惊险万分，一时绚烂多彩。而且，还有动物表演！

由于许多人都很关注动物保护问题，现在马戏团的表演中已经很少有动物出场了，但是在20世纪50年代，每个马戏团都有很多"动物演员"。猴子、鹦鹉，当然还有少不了的大象。这些动物在接受训练后，能够演奏乐器、骑自行车和跳舞。身形硕大的大象常常是孩子们的最爱。

豪尔赫也喜欢大象。演出结束后，豪尔赫在离开剧场的路上发现了一件神秘的事情：那头大象的脚被拴在地上的一根小木桩上。年幼的豪尔赫对此困惑不解。那个木桩只是一小块木头，而大象又大又壮，肯定能轻易挣脱它然后逃之夭夭吧？为什么大象没有这样做呢?

大人们似乎都不知道答案。这个问题一直困扰着豪尔赫,直到 50 年后,他遇到了一位知识渊博的男子,他的疑惑才终于得到解答。这名男子解释说,当大象还是"一个婴儿"的时候,它被一直绑在一个小木桩上,木桩的一部分深深插进地里。小象拼命地想挣脱,但是它太小了,实在力有不逮。它试了又试,始终没能逃脱。这样过了一段时间之后,小象就接受了自己的命运。随着小象成长为大象,它获得了巨大的力量,能连根拔起很大的树木,举起沉重的石头。现在,大象可以轻易逃脱了,但是它从来没有再去尝试。

也许大象从来没有想过,它现在可以做到小时候最想做的事情了,它也没有想过,自己有可能过上一种不同的生活。大象的肌肉早就不再受束缚了,但是它的大脑仍然受到束缚。

大象似乎在很小的时候就对它所受到的行动限制习惯化了,不再尝试反抗。也许,它不再认为那种限制仍然是一种限制。也许,大象最终意识到自己的活动范围是有限的,就像人类意识到自己不能像鸟一样飞行——这只是一个事实。于是大象变得不那么生气了,不那么害怕了,也不那么伤心了。但是无论如何,它终究一生都被困住了。

身披枷锁的女性

在 1974 年之前的美国，根据联邦法律，以性别为理由拒绝向女性发放信用卡是完全合法的。在 1968 年之前，以性别为理由拒绝给女性提供租住用房也是合法的。在 1964 年之前，甚至连以性别为理由拒绝女性求职也是合法的。在美国的许多州，将女性排除在陪审团之外是合法的。当时妇女没有平等的权利。许多女性发现很难获得接受高等教育的机会，也很难找到自己感兴趣的工作，而且即便找到了工作，她们的收入也远远比不上男性。妇女承担了大部分的家务和照顾孩子的责任（她们现在仍然在这样做）。然而，数据表明，在 20 世纪 50 年代和 60 年代，女性并不比男性更不快乐。当女性被问及自己的幸福程度如何时，用从"非常幸福"到"不太幸福"的量表来评分，她们给出的分数与男性相同；甚至有一些研究表明，女性比男性更加幸福。[3] 此外，她们的自尊程度似乎也与男性一样高。这怎么可能呢？

几千年来，女性一直缺乏男性拥有的权利，并受到普遍的歧视。妇女不能投票，不能拥有财产；在许多情况下，她们无法选择与谁结婚。她们被重重枷锁牢牢锁住。虽然一些妇女奋起抗争并取得了一些重要进展，但是绝大多数妇女接受了生活的现状。在这里，习惯化发挥了重要作用，就像大象一样，大多数妇女没有任何反抗的意愿。我们有理由怀疑，许多妇女对这些枷锁在很大程度上是视而不见的，她们也许没有意识到，自己完全有可能过上一种不同的生活。有一些妇女虽然意识到了这些枷锁的存在，但是仍然选择逆来顺受。她们对自己的生活预期很低，这意味着当她们被剥夺了受教育权、工作机会和财产所有权时，她们并不会感到过于惊讶。

然而，最终，试图砸碎枷锁的妇女群体的力量壮大起来了。妇女权利运动风起云涌，在20世纪70年代、80年代、90年代及以后取得了巨大进展。许多国家出台了反性别歧视法，更多的妇女接受了高等教育，并进入就业市场。但是，在束缚妇女的链条变得越来越弱之后，反而发生了一件意想不到的事情。女性并没有变得更加快乐、更加幸福。事实上，她们的幸福感出现了大幅下降，以至在许多指标上，男性现在比女性觉得更幸福。这种现象不仅出现在美国，也出现在比利时、丹麦、法国、英国、希腊、爱尔兰、意大利、卢森堡、荷兰、葡萄牙和西班牙等国家。[4]

当然，这种现象并不意味着不平等和性别歧视是一件好事。绝非如此。但是它确实引发了一些严重的困惑。

你只要看一下各国女性关于幸福感的自我报告，就会发现，随着女性的社会条件变得更好，女性的生活满意度反而降低了。女性似乎报告说，在不平等更严重的国家，她们更快乐。[5]下面，就让我们分析一下原因。

今天，在许多西方国家，女性普遍被告知，她们拥有与男性同等的权利——女性可以选择成为宇航员、投资银行家、法官，甚至有机会竞选总理或总统。由于女性享有获得与男性同等薪酬的合法权利,因此她们会将自己的成就与男性同行进行比较。但是,你猜怎么着?

在现实世界中,机会是不平等的。妇女在许多国家都拥有合法的权利,甚至拥有与男性完全平等的权利。是的,法律上的规定确实如此,但是很多时候,性别歧视仍然以多种形式继续存在着。例如,法律规定,家务活应该由男女伴侣平均分担,然而,世界各地的女性仍然在继续洗衣服、购物、带孩子、打扫卫生、做饭、填表格、辅导家庭作业……即便女性的工作比她们的男性伴侣更加忙碌,她们也不得不这样做。而且,即便妻子是家里唯一的经济支柱,她们花在家务上的时间仍然至少与失业的丈夫一样多。也就是说,这些妇女不仅得自己去挣面包,还得把辛苦挣来的面包切成片,给孩子们做好午餐三明治。[6]

与此不同,在20世纪50年代的美国(以及其他许多国家),虽然女性承担了大部分家务,但是大部分女性没有太大的抱负或过高的预期——至少对那些她们无法获得的东西没有多少奢望。她们习惯了当时的社会规范。相比之下,现代西方社会的女性的预期就是男女平等。然而事实是,这种预期从未变成现实,哪怕一天也没有。

你预期能够得到的(同工同酬、平等机会、受到尊重)与你实际得到的(更低的工资、有限的机会、不受尊重)之间的落差造成了你的不快乐。神经学家把这种预期和结果之间的差距称为负向预测误差。不过,我们很快就会看到,虽然这种负向预测误差在短期内会导致不快乐,但是它们对进步至关重要。

惊讶！

你可能没有意识到，就在这一刻，你的大脑正在试图预测接下来会发生什么。我接下来会读到的这个句子中的下一个词语是什么？当你翻开本书的书页时，你的手会有什么感觉？当你把温热的杯子放到嘴边时，咖啡的味道会是怎样的？如果你能做出正确的预测，你就不会对咖啡的温度或你读到的下一个词语感到惊讶。

你还会做出长期预测。"我应该可以得到银行副经理的职位""乔治娜可能要离开我了""滑雪道几天后要结冰了"。你大脑中几乎每个神经元都会参与某种预测。原因显而易见。预测接下来会发生什么，是为了更好地做准备。如果你准备充分，你就不会在滑雪时摔倒在斜坡上，也不会被乔治娜先下手为强占去房子。但是，很多时候你的预期是错的。那么你就会觉得惊讶！你没有得到银行那个职位，惊讶！乔治娜说她永远和你在一起，惊讶！

这种错误（或预测误差）至关重要。它们构成了一种"教学信号"，你可以从中了解周围的世界，并修正你的预期。有些预测误差是"好"的（"乔治娜决定留下来！"），有些则不那么好（"我没能得到这份工作！"）。无论是好是坏，你的大脑都必定会用一个清晰的信号来表示这个惊讶。这是因为，如果惊讶是好的，你应该继续做你正在做的事情（对乔治娜更好一些，告诉她你爱她等),但是如果惊讶是坏的,你就需要做出某种改变(更新你的简历,获得更多的经验等)。因此,在你的大脑中,有一些神经元只表示"惊讶!"信号,还有一些神经元则表示两种类型的"惊讶"——好的和坏的。在这些神经元当中,也许最"著名"的就是多巴胺能神经元。

多巴胺能神经元能够合成神经递质多巴胺。神经递质是一种由一个神经元向另一个神经元释放的化学物质。这是神经元之间传递信息的一种方式。多巴胺能神经元不断地放电,即便没有什么大事发生,它们也会放电。但是,当事情以"好"的方式令人惊讶时("她爱我!"),多巴胺能神经元会变得更加兴奋,从而向大脑的其他部分发出信号,表明刚刚发生的事情比预期的要好。当事情以"不好"的方式令人惊讶时("没有工作机会!"),它们则会"安静"下来。

这种不寻常的安静也会向大脑的其他部分传递一个信息,表明刚刚发生的事情比我们预期的要糟糕。第一类信号称为正向预测误差,第二类信号称为负向预测误差。预测误差与你的情绪密切相关。当正向预测误差被触发时,你会感觉良好;而当负向预测误差被触发时,你会觉得很糟糕。[7]

总的来说,20世纪50年代的女性可能比20世纪80年代的女性经历更少的负向预测误差,因为50年代的女性预期值低,不太可能经历负面的惊讶。同样的逻辑也适用于一系列其他场景。当人们把自己的期望值向下调整时,糟糕的情况(如腐败横行、健康状况不佳或被绑在一根木桩上)对他们幸福感的影响就不会像在高预期时那么大。⁸ 低预期意味着不会出现负向预测误差，而这又意味着日常发生的不好的事情可能会被忽视。

低预期

人们的偏好会随着可以获得的东西的增减而不断变化。社会理论家乔恩·埃尔斯特（Jon Elster）⁹和经济学家阿马蒂亚·森（Amartya Sen）¹⁰将这种现象称为"适应性偏好"，即如果你不可能拥有某种东西，你可能最终变得根本不想要它。经验证据也支持人们最终可能会适应自己被剥夺的处境的观点。在那些人们没有自由的国家里，自由对民众的幸福感的影响极小，因为他们本来就不期望能够拥有自由。¹¹ 他们可能没有那么多自主权，但是由于习惯化，他们还是能够将幸福感维持在一个看似合理的水平上。在地球上的各个大陆中，收入对民众幸福感的影响最小的要数非洲，而且非洲也是地球上最贫穷的大陆，部分原因是非洲普通民众的预期本来就很低。¹² 又如，阿富汗的犯罪率和腐败程度都是全世界最高的，但是犯罪和腐败对民众幸福感的影响也是全世界最小的。¹³

当然，需要明确的是，阿富汗人民并不快乐。贫困、不安全和政治不稳定造成了极大的损失，导致这个国家在世界快乐指数排行榜上排名垫底。[14]然而，如果你明天早上搬到阿富汗去定居，我们认为你有很大概率会比普通的阿富汗民众更不快乐。在某种程度上，阿富汗民众已经对他们的环境习惯化了，而且向来只抱着较低的期望，就像马戏团的大象适应了它的环境一样。与阿富汗民众不同，你已经习惯了自来水、充足的食物和安全感。缺乏这些会产生负向预测误差，从根本上动摇你的幸福感。

你可能会想："好吧，既然如此，我们所有人马上降低预期不就行了吗？那样不就可以过上幸福的生活了吗？"遗憾的是，事情并没有那么简单。低预期可能会导致一个大问题：你可能会停止与次优环境作斗争（甚至永远不会开始这种抗争）。用埃尔斯特的话来说，"适应性偏好既具有麻醉作用，又具有麻痹作用：它们能够减轻人们的痛苦，同时也减弱了人们采取行动的冲动"[15]。

你可能会消极被动地维持一段不太理想的恋爱关系，或者在某个并不满意的职位上苦挨日子，而不去尝试做出改变。你可能会接受你软弱无力的肌肉而不去健身房锻炼，或者忍受着持续的背部疼痛而不去看医生。数据显示，在最需要改进医疗保健体系的那些国家中，对更好的医疗保健的需求往往低于那些已经拥有优质医疗保健体系的社会。[16]这是因为，生活在医疗保健体系不够完善的国家中的人们已经习惯化了；他们的预期很低，所以他们可能会对一个让其他国家的人感到沮丧和震惊的医疗保健体系感到满意，或者至少不会非常不满。

因此，虽然未得到满足的预期会导致不快乐，但是这种不快乐可能是改变的必要条件。一旦改变发生了，就能重新获得快乐。我们再以性别不平等为例来说明。起初，增加女性的机会、提高女性的预期，会降低女性的幸福感，但是一旦条件改善到一定程度，她们的幸福感就会上升。[17]因此，女性的自由与她们的幸福感之间呈U形关系。妇女权利的增加在刚开始的阶段似乎会导致女性自尊和幸福感的下降，因为她们的预期与现实不符。然而，随着女性的社会条件继续改善，现实开始赶上预期，她们的幸福感就随之提高了。

全世界没有任何一个地方的妇女享有与男子完全平等的机会。我们不知道在一个这样的社会里，女性是否会像男性一样对自己的生活感到幸福。我们可能不会在有生之年亲眼见证这样的社会到来（几千年的压迫，肯定需要一段时间才能逆转），但是我们非常愿意设想，如果真的发生了，两性之间的幸福感差距就会消失。

打破枷锁

一个显而易见的难题是，如果习惯化是普遍的和完全的，那么任何旨在打破枷锁的社会运动都不可能发生。如果真的是这样,所有条件都将永恒不变。乔治·奥威尔的小说《一九八四》中有一个人物说的一段话令人不寒而栗:"如果你想展望未来,只需想象一下一只靴子永远踩在一个人脸上的情景。"[18]

总之,出现社会运动的前提是,至少必须有一个没有完全习惯化的人——他对某些做法或某些情况感到不舒服,并且愿意为此说些什么或做些什么。

对于有时可能会发生的社会运动,一个高度程式化的描述如下:社会是由各种各样的人组成的,他们的态度各不相同——有些人会对存在的东西完全习惯化,包括不公正,他们会把当前的做法当作背景噪声,或者当作生活中正常和自然的一部分;另一些人也能够在相当大的程度上习惯化,他们可能会在脑海中听到某种抗议的声音,但是这个声音相对平静;还有一些人只会有一点点的习惯化,在某种意义上,他们会感到愤怒或震惊,但是他们会敏锐地意识到改变是困难的或不太可能的,而这就意味着他们会让自己保持沉默。

这一类人可能会想,拼了命用自己的头去撞南墙有什么意义呢?因此他们会进行偏好伪装,即考虑到现有的规范,他们不会透露他们真正的偏好和想法。他们也可能愿意显示自己的偏好,但前提是规范开始改变。

在这个程式化的描述中,不同的人也有不同的行动门槛或阈值。那些习惯化程度最低的人是随时都愿意采取行动的人(哪怕他们在很多时候都是特立独行的孤勇者),他们是行动阈值为0

的人（简称为"0"）。另一些人已经有一点儿习惯化了，他们愿意行动，但是不愿意成为第一个吃螃蟹的人，他们需要跟在某个人后面行动，这些人的行动阈值为1（简称为"1"）。还有一些人愿意行动，但不会第一个或第二个采取行动，因为他们需要跟随先驱者行动，这些人的行动阈值为2（简称为"2"）。行动阈值为2的人后面跟着行动阈值为3的人。3后面跟着4，4后面跟着5，以此类推，一直到无穷（行动阈值无穷大的人，就是在任何情况下都可以完全习惯化并且不会反叛的人）。

根据这种解释，只有在正确的社会互动发生之后，变化才会出现。如果1看到了0，1就会采取行动；如果2看到了1和0，2就会采取行动；如果3看到了2和1，那么3也会采取行动……以此类推。这样一来，我们最终将会见证某种级联式的社会运动的出现，于是一场大规模的社会运动也就顺理成章了。

但是还有一个谜团有待解答：我们如何解释社会上存在不会习惯化的人，即行动阈值为0的人？我们对这个问题没有一个完整的答案，但是我们猜测，部分原因在于他们可能在某个阶段接触了去习惯化的事物，即一些使现有的做法不再显得自然和不可避免的事物，从而给他们带来了一种震撼或惊讶。这个事物在其他时间或地点可能表现为某种不同的做法；它也可能是一种想象力的锻炼，由某些遭遇或经历所激发。我们把这些行动阈值为0的人称为"去习惯化先驱"，我们将在下一章对他们的特征做更多的介绍。

我们还认为，关于习惯化的知识有助于造就去习惯化先驱。

也就是说，在理解了人们习惯化的所有方式之后，你就有可能发现并关注到生活中你已经习惯化了的不理想的方面。你可能会注意到你的家庭生活、工作和社交活动中那些被你忽视的不那么"幸运"的特征。许多人往往会认为，在许多情况下，如果你愿意接受不完美甚至一点儿也不伟大的事物，那么你的境况会有所改善。然而，我们的希望依然是，对我们的大脑"欺骗"我们，使我们对恒定不变的、预期到的事物视而不见的所有方式有了明确的认识，将会帮助我们区分应该接受的"枷锁"和应该尝试打破的"枷锁"。

11
歧视：

"温文尔雅的犹太人"与穿迷你裙的科学家

除非我们意识到这一过程并强迫自己面对它，否则我们将永远成为文化的囚徒。

约翰·霍华德·格里芬
(John Howard Griffin) [1]

玛格丽特·索耶（Margaret Sawyer）是一家非营利组织的前高管，2016年夏天，她带着孩子到科罗拉多州萨利达的一个游泳池游泳。她注意到，游泳池的告示牌上张贴了一张红十字会的海报（见下图）。[2]

你觉得这张海报有什么奇怪的地方吗？

不久前，卡斯在一次小组讨论中，向大约 20 人展示了这张海报并提出了这个问题。小组中的大多数人都没有注意到有什么奇怪之处。但是小组里的一个黑人却立刻发现了一些问题：在这张海报中，"不酷"这个标签几乎都是与有色人种孩子联系在一起的。一旦注意到这种联系，小组里的每个成员就立即明白了，而且他们很惊讶自己以前怎么会没看出这一点。是的，一旦有人指出来了，人们就不可能视而不见。

美国红十字会最初发布这张海报时，这个组织中没有任何人发现这个问题（或者至少没有人说出来）。这张海报被张贴在许多游泳池的告示牌上，直到玛格丽特·索耶发现问题的那一天，从来没有人抱怨过。

当玛格丽特·索耶第一次在萨利达游泳池看到这张海报时，她以为这只是一个反常现象，或者说，那是一张"复古"的海报。但是就在那个周末，她又在科罗拉多州摩根堡的另一个游泳池看到了同样的海报。于是她意识到，这不是 20 世纪 70 年代的海报，而是最近一次宣传活动的一部分。她拍了一张照片，发布在她的推特账号上。起初，许多推特用户仍然没有发现任何问题。"我实在不明白，这张照片里面有什么种族歧视的地方呢？"一条评论这样写道。然而，在玛格丽特指出问题所在之后，公众的强烈抗议随之而来。媒体报道了这件事，美国红十字会也为"这一无意的疏忽行为"公开道歉。[3]

这个事件的关键词就是"无意的"。美国红十字会当然不会有意发布种族歧视的宣传广告，也不知道这张海报会引发一场舆论灾难。全国各地的泳池工作人员把这张海报张贴在告示栏上，也没有注意到它是有问题的。成千上万的游泳爱好者和众多的推特用户也不知道。但是有一个人——玛格丽特·索耶——改变了这一切。她就是那个行动阈值为 0 的人。

在一个偏见和歧视成为常态的世界里，大多数人都已经习惯化了。我们察觉不到周围的歧视，因为我们预期到了如此。再强调一遍：我们通常只能注意到令人惊讶的和不同的事物，对不变的和预期到的东西则会视而不见。因此，问题也就集中体现在这里了：我们无法努力去改变我们没有感知到的东西，直到有人出现，让我们忽视的东西变得清晰而突出为止。

"温文尔雅的犹太人"

几十年前，卡斯曾经应邀前往南非，为当时完全由白人组成的种族隔离政府中的一些成员提供关于后种族隔离国家可能制定何种宪法的建议。在刚刚收到这个邀请的时候，卡斯觉得有些不安，但是在接受邀请之前，他得到了一个保证，那些参与的官员都强烈支持种族平等，他们希望外部专家来帮助设计一部宪法，以消除种族隔离的影响。在访问南非期间，卡斯与一位南非法官相处得特别好。那位法官也是这次活动的组织者和领导者,他敏锐、博学、和蔼可亲。卡斯很喜欢那位法官,那位法官似乎也喜欢他。

在最后一次晚宴上,几杯酒下肚之后,那位法官把卡斯的姓重复了大约6次,他言语中似乎有点儿不高兴,也许还带点儿困惑:"桑斯坦,桑斯坦,桑斯坦,桑斯坦,桑斯坦,桑斯坦。"卡斯认为,这个举动很奇怪,而且也许并不完全是友好的表示。他的姓有什么有趣的呢,值得如此一说再说?他疑惑地看着那位法官。

那位法官停顿了一下,然后说道:"我们在场的人中有一个犹太人。我们可以称他为'温文尔雅的犹太人'。"

卡斯听了这话大吃一惊。那位法官的本意是说一句逗乐的话,但是他不知道这句话可能听起来很奇怪或不合适。卡斯环视了一下周围,立刻注意到宴会上似乎没有人特别在意这件事,甚至没有人认为这算是一件事。卡斯非常肯定,这种行为在他自己的国家(美国)肯定会引起相当大的反应。但是,在一个文化中不寻常和引人注目的事情,在另一个文化中却可能完全不会有人注意到。

规范会随着时间和地点的变化而变化。某种行为以及对该行为的评价,在一个文化或某个年代中会脱颖而出,但是在另一个文化或另一个年代中却不一定会。我们对我们生活的世界中的规范已经习惯化了,如果我们能够从一个地方去往另一个地方,或者从一个年代穿越到另一个年代(例如在看老电影时),那么我们就能够看到那个地方和那个时代的其他人所不能看到的一些东西。例如，吸烟在某些时间和地点并不是一种不好的行为，相反，它可能是一种很酷的行为，有时甚至显得很浪漫，但是在其他时间和地点，吸烟却会表明你不关心自己或他人。对于吸烟者的存在，人们可能会先习惯化，然后又去习惯化。

在一些国家，"homo"这个词通常用来指称同性恋者。这些国家的人在听到或使用这个词时根本不会停顿一下，而且大多数人完全不知道，在其他一些国家，这个词被认为是一种侮辱，极少有人使用。如果后面这些国家的一个公民去前面那些国家旅行，听到了这种侮辱性的称谓，这个人会感到很震惊，可能会做出负面反应。

对于某个事物，我们会不会认为它具有歧视性，不仅取决于我们在环境中已经习惯化的东西，还取决于我们站在"篱笆"的哪一边，即属于这个群体还是那个群体。大约10年前，塔利和十几个人参加了一个科学会议。主持会议的是一位男教授，在讲话过程中，他将头转向了一名女学生，提到他从一个小道消息中得知，她收到了一个公认能够为演讲者带来不少声望的演讲邀请。他问道："他们邀请你是为了让你穿着迷你裙在台上炫耀吗？"这句话说得很大声，含义也很清楚，但是似乎完全没有人注意到。会议照常进行。

是的，就在不久之前，这样的评论并不罕见。在那个时候，男教授们经常评论女同事的外表。例如，一位受邀发表演讲的女性科学家被贴上了"大胸"的标签，另一位则被贴上了"相当性感"的标签。"你坐在她旁边，怎么还能集中注意力呢？"一位男教授曾经这样问一位男学生，言中所指的"她"，就是这位学生的女导师。

后来，塔利给主持那个科学会议的男教授发了一封电子邮件，后者立即回信表示道歉——事后回想起来，他明白了问题所在。塔利还询问了在场的其他同事的看法（他们几乎都是男性），有些人完全没有注意到，其他人则认为那并不重要——这样的事情每天都在发生，所以没什么不寻常的。另一个觉得被冒犯的人是一位女同事。这也就引出了两个有趣的问题：那些容易受到偏见影响的人对它的习惯化更少吗？他们在多大程度上更容易察觉？

设身处地的重要性

如果我们反复经历歧视，我们就能够"学会"在某种程度上预期自己会受到歧视——至少会预期到那些不那么令人震惊的歧视。我们对歧视也会习惯化，就像大象对禁锢它的锁链习惯化了一样，就像20世纪70年代之前的女性对她们的处境习惯化了一样。因此，与不寻常的歧视相比，我们对相对寻常的歧视不太可能做出反应。然而，当你处于偏见的接收端时，你可能会习惯化得更慢一些，而且你的习惯化更有可能是不完全的。电影《烈火战车》（*Chariots of Fire*）讲述了20世纪20年代英国奥运选手、犹太短跑运动员哈罗德·亚伯拉罕（Harold Abraham）的故事，它很好地刻画了这种感觉：

> 这是一种痛苦，一种无助，一种愤怒。人们会感到被羞辱。有时我对自己说："嘿，冷静点儿，这一切都是你想象出来的。"然后，我马上又看到了那种眼神，听出了那种言外之意。啊，在握手的时候，我也感受到了那种冷冷的不情愿。[4]

为什么歧视的受害者比旁观者更不容易对歧视习惯化？我们猜测，其中一个原因是，即便歧视经常发生，它也仍然会与一个人对自己心目中的形象构成某种对比。例如，对一位女飞行员来说，在某种程度上她已经习惯了别人认为她不如大多数男性飞行员的可能性，这当然会在某种程度上降低她的信心。然而，她这种态度仍会与她自己熟练驾驶飞机的日常体验形成鲜明对比。这种不匹配——我们观察到的自己的能力与群体对我们的预期之间的不匹配——将会导致我们的大脑中不断出现"误差信号"，从而降低习惯化的速度。

由此可见，如果你能够在想象中把自己从男性变成女性，从白人变成黑人，从异性恋者变成同性恋者，你就更有可能察觉到歧视的存在，而这是你平时无法察觉的。事实上，经历过这种变化的人所报告的正是如此。

这里有一个很有影响的著名例子，也是一个关于习惯化和去习惯化的故事。1959 年，记者约翰·霍华德·格里芬把自己的皮肤暂时染成了黑色，这样他就能伪装成一个黑人去体验生活。他在美国南部旅行了几个星期，途经佐治亚州、密西西比州、路易斯安那州、亚拉巴马州和阿肯色州。格里芬的动机很简单："如果我们能设身处地站在他人的立场上考虑问题，看看如果我们是他们会如何做出反应，那么我们就会意识到歧视的极端不公正和偏见的悲惨、非人道。"他在此基础上于 1961 年出版的《假如我是"黑人"》(*Black Like Me*) 轰动一时。[5]

我们得承认，现在很多人在阅读这本书时都会觉得自己被冒犯了，这不仅是因为它对各类种族主义行径进行了非常生动的描述（这在当时引起了广泛争议），还因为他们认为这本书过于自以为是了。不过我们想强调的是，在这本书出版的时候，它使白人有机会感受一下如何在美国南部做一个黑人——那是在一个颠倒的世界里生存的体验，在那个世界里，一个人会被无端怀疑、无情蔑视，会遭到狂暴、残忍的对待，尽管他从来都是一个很安静、很诚实、很善良的人。

格里芬描述了这样一个世界，在那里你可能会无缘无故地受到威胁或被解雇。"没有什么言语能够形容这种令人毛骨悚然的恐怖。面对如此赤裸裸的仇恨，你不仅会感到迷茫，而且会觉得恶心欲呕，这与其说是因为它威胁到了你，还不如说是因为它以如此不人道的方式展示了人性的另一面。你看到的是一种如此疯狂、如此污秽的东西，是它本身的污秽（而不是它造成的威胁）

令你感到无比恐惧。"[6]

格里芬说,他的经历帮助他认识到,"这种习得的行为模式是如此根深蒂固,以至人们会产生无意识的反应,结果使文化本身变成了一座监狱"。他说,自己在化身为一个黑人时学会了如何在不断的恐惧中生活。[7]

那些改变了性别的人,也有类似格里芬的经历。例如,有跨性别科学家报告称,在变性后,他们的同事对他们的态度发生了重大而令人惊讶的变化。一旦开始站在另一个性别的立场上看问题,他们就能看到以前看不到的东西。

因此,去习惯化的一种方法似乎是,暂时让自己"变身"为另一个人。尽管大规模地做格里芬做过的那种事情是不切实际的,但是现代技术的发展,已经允许我们在"变身"为一个不同的人的道路上迈出一小步,那就是利用虚拟现实技术。你想知道拥有不同性别是什么感觉吗?想知道拥有不同的肤色是什么体验吗?你可以戴上虚拟现实头盔,以不同性别或种族的人的视角来看待问题。[8]如果你是一个男人,你可以(虚拟地)以女性而不是男性的身份去看医生、坐地铁;如果你是一个白人,你可以(虚拟地)以黑人而不是白人的身份去与他人互动。

当然,这些虚拟的经历与真实的经历相去甚远,但是事实证明,它们能显著地减少隐性的种族偏见。[9]其中一个原因可能是,偏见及其影响在虚拟现实中突然变得非常明显,从而导致对歧视的去习惯化。

大量研究告诉我们,对另一个人的经历发自内心的、感同身受的理解会带来去习惯化。尽管大多数人无法接触到这样的虚拟现实工具，而且可能不知道暂时"变身"为他人的真实感受，但是我们可以通过与另一个群体成员的亲密友谊，获得一个了解他人生存状况的小小窗口。这些方法都可以在一定程度上对我们有所帮助，但是为了实现可衡量的改变，我们仍然需要找到其他能够让歧视看起来奇怪、不寻常和令人吃惊的方法。

去习惯化先驱

如果有人在晚宴时多次重复在场的一个犹太人的姓氏，然后称他是一个"温文尔雅的犹太人"，餐桌上的其他人可能会做出各种各样的反应。可能是赞赏地笑两声，也可能是回应一个认可的点头，又或者是表示愤怒。当然，赞同的笑声或点头不会动摇任何东西，反而可能使它更加根深蒂固，表示愤怒才有可能撼动"常态"的印象（并产生去习惯化效应）。

因此，我们需要一种"自然"的干预，使得歧视看起来不再和谐，不再熟悉，也就是要让它显得偏离常态，不再寻常。要成为像玛格丽特·索耶那样能够看到问题并实时做出反应的"去习惯化先驱"，需要有把看不见的东西变成看得见的东西的能力。

索耶是一个白人女性，但是她不仅看出了红十字会海报问题的本质，而且大胆地指了出来。而一旦她这样做了，其他人也会看到并做出反应。如果在卡斯的晚宴或塔利的科学会议上有一位去习惯化先驱挺身而出，那么就会形成一个引人注目的事件，并改变人们对于到底什么是可以接受的预期。

在美国民权运动的历史上，罗莎·帕克斯（Rosa Parks）就是这样一位去习惯化先驱。1955年12月1日，她在亚拉巴马州蒙哥马利市乘坐公共汽车时，拒绝坐在后排，从而发出了一个信号，表明种族隔离是一种选择，而不是不可避免的，并表明这种选择压迫了黑人。这个信号成功地发送了出去，许多人，尤其是白人，都清晰地接收到了这个信号，于是白人中的一些人开始变得对种族隔离去习惯化。

另一位去习惯化先驱是凯瑟琳·麦金农（Catherine MacKinnon）。1978年，她出版了《性骚扰与性别歧视》（*Sexual Harassment of Working Women*）一书。[10] 几十年来，这本书帮助确定了人们对性别歧视的看法。麦金农的这本书同时做成了三件事。首先，它实质上创造了一个新名词：性骚扰。这个词本身就有去习惯化的作用，它命名了一种以前从未被描述的做法。

其次，麦金农认为性骚扰是性别歧视，因此违反了民权法：一个男人对一个女人进行性骚扰是因为她是女人，因此这涉及基于性别的歧视。

这个论断也是去习惯化的一种形式。麦金农的核心论点在1978年显得激进而新颖，但是到1986年就被最高法院一致接受，当时著名的保守派首席大法官威廉·伦奎斯特（William Rehnquist）在最高法院意见书中这样写道："当一名主管因为下属的性别而对其进行性骚扰时，该主管就做出了以性别为基础的'歧视'行为。"[11]

最后，麦金农的书提供了一系列遭受性骚扰的女性的叙述。书中描述的骇人的细节，让读者站在了那些遭受过性骚扰的人的立场上。在读完她的书之后，人们不太可能还会认为性骚扰是生活中可以接受的一部分。

关于我们所说的"去习惯化"的经典著作还有很多，几乎可以塞满一个大图书馆，其中包括贝蒂·弗里丹（Betty Friedan）的《女性的奥秘》（*The Feminine Mystique*）[12]和所罗门·诺萨普（Solomon Northup）的《为奴十二年》（*Twelve Years a Slave*）。[13]那么，到底是什么促使一个人成长为去习惯化先驱的？为什么是索耶、帕克斯、格里芬和麦金农，而不是其他乘坐种族隔离公共汽车、目睹或经历过性骚扰的人成了去习惯化先驱？我们不知道有任何研究直接解决了这个问题。当然，毫无疑问，肯定是先天因素和后天因素的某种结合，造就了这一类不墨守成规、更敢质疑、更勇敢也更敏锐的人。我们（根据行为科学知识）了解到，如果对人们不太可能注意到歧视的原因和时间有明确的认识，那么更多的人意识到自己身边存在歧视问题的可能性就会增大，而且会使更多的人拥有足够的勇气去尝试解决这些问题。

这也就引出了下一个问题：去习惯化先驱如何帮助其他人去习惯化？

因偏差而惊讶

正如我们前面已经强调过的，大脑是一台预测机器。[14] 它的核心任务是尽可能准确地预测接下来会发生什么，以便及时做好准备和反应——在敌人到来之前隐藏起来，在干旱之前储存足够的水，在倾盆大雨来临前准备好雨伞，等等。我们通过观察和学习来做出准确的预测。年复一年，我们观察到 11 月的雨水比 6 月多，所以我们会在深秋而不是初夏随身携带雨伞。

我们不断地从全世界吸收数据，有意识或无意识地更新我们的判断，从而使我们能够做出准确的预测。我们大脑中的神经元，就其最佳状态而言，是一些复杂的生物计算器，能够跟踪频率、手段、关联等等。例如，如果我们遇到的大多数飞行员是男性，那么当我们登上飞机时，我们就预期将会看到一位男性飞行员。当这种预期得到满足时，我们的大脑就不会发出"惊讶"信号来提醒我们出了问题。

在这些统计观察结果的基础上，我们还要针对潜在的原因提出假说。如果大多数飞行员是男性，我们的大脑会很快地得出结论，认为男性特别适合驾驶飞机。如果"数据"因为历史上的歧视而存在偏差，不能反映关于男性和女性能力的事实，那么我们的结论就可能是有偏差的，因为我们的大脑正在做它天生就应该做的事情，即根据感知推断出一般性规则。

每一天，我们在做出决定时都依赖类似这样的刻板印象和一般性规则。在决定雇用谁的时候，雇主经常使用各种各样的替代性指标，即便这些指标本身不过是过于宽泛的概括性结果，而且远不是完全准确的。例如，你可能认为考试成绩、就业记录、受教育程度和所上大学的声望等都是雇主在招聘时要考虑的因素。如果你是雇主，你可能会选择一个上过顶尖大学的人，而不是一个上过还算不错的大学的人，尽管很多上过还算不错的大学的人，也能够比不少上过顶尖大学的人做得更好。

种族和性别也常常起到类似的作用。女性可能比男性更有可能成为孩子的主要照顾者，也更有可能离开就业市场来扮演这一角色。如果是这样，雇主的歧视可能不是因为他不喜欢或贬低女性，或者普通意义上的偏见，而是因为他相信（基于貌似合理的假设或实际经验）某些刻板印象足够真实，足以成为做出雇用决策的基础。随着时间的推移，这种统计上的歧视可能会成为一个自我实现的预言。也就是说，它可能会加剧它所应对的问题本身。

而且，一旦加入了人工智能系统，情况可能会变得更糟。人工智能系统是用来模仿人类思维的，它们利用周围世界的输入来做出预测和判断。[15] 如果接收到的数据有偏差，那么人工智能系统就会像人类一样做出反应，即它们做出的决定、给出的建议也将有偏差。

我们以戴维和杰米·海涅迈尔·汉森夫妇的经历为例来说明。[16] 2019年，这对夫妇分别申请了苹果信用卡。由于他们两人共享所有财务资源，包括银行账户和财产，因此当他们得知苹果公司给丈夫戴维提供的信用额度比给妻子杰米的要高出20倍时，他们感到非常惊讶。在社交媒体上分享自己的故事后,他们发现其他人也有同样的经历,包括苹果联合创始人史蒂夫·沃兹尼亚克和他的妻子。

苹果使用一种有偏差的机器学习算法来分配信用额度。为了开发一个信用卡评分系统,需要"喂"给算法数以百万计"好的选择"的实例(例如已经偿还债务的人的数据)和"坏的选择"的实例(例如没有偿还债务的人的数据)。然后,算法要学习哪些因素预示着好的选择。如果女性的收入低于男性,或者由于性别歧视而难以找到工作,算法就会得出结论,认为男性更适合获得信贷。然后,由于性别歧视,算法会进一步扩大性别差距,从而形成一个反馈循环。[17]

一旦我们检测到人工智能系统中存在的偏差,我们就可以通过直接改变算法或故意修改用于创建它的数据来纠正它。虽然我们无法调整我们大脑中的神经元使用的算法,但是我们可以消除它们接收到的输入中的偏差。

现在,全世界已经有100多个国家设定了"性别配额",目的是确保妇女在国家立法机构中有充分的代表。有些国家为少数民族成员设定了配额,有些国家还对弱势群体实施了配额制,目的是确保传统上处于不利地位的那些群体能够通过特定角色得到代表。其他公共和私人机构也正在努力增加高级职位的种族和性别多样性,并确保杰出领导者的纪念肖像中包括有色人种和妇女。(然而,在包括美国在内的一些国家,为了增加多样性而考虑种族或性别的做法已经引发了严重的法律问题。)

普林斯顿大学神经科学教授雅艾尔·尼夫（Yael Niv）是一位去习惯化先驱，她提出了一种创造性的方法，以提醒人们注意可能存在的性别偏见，并推动他们争取更平等的代表权。她创办了一个名为"神经科学偏见观察"（Bias-WatchNeuro）的网站，收录了世界各地的神经科学会议，并详细列出了每次会议中男女报告人的比例，以及组织者的名字。然后，她将报告人的性别比例与该领域中所有研究者的性别比例进行了比较分析。

例如，在第31届国际行为神经科学学会年会上，女性报告人的人数为0，尽管这个领域32%的科学家是女性。尼夫的这个清单不仅使偏见变得透明，也解构了偏见。尼夫的清单问世之后，由于会议组织者不希望所有人都看到他们的名字与带有歧视意味的数字联系在一起，所以他们会努力让每一种性别都有足够的代表者。

在未来的世界里，女性科学家、飞行员、政治家和首席执行官将会变得与男性一样普遍。我们将有望看到在会议上发言、坐在驾驶舱里驾驶飞机、在国会中投票、在高管群体中做决策的女性和男性数量大致相同。在这些情况下，我们将不会注意到性别的存在，除非它偏离了大致相等的比例。

对此，可以比照下面这张图来考虑。如果你按顺序观察图中的方格，那么当你看到最后一个方格时，你已经四次看到了五个黑色箭头朝上、一个白色箭头朝下。如果将你观察最后一个方格时的大脑激活情况记录下来，我们将不会看到太强的激活。因为当没有新事物出现时，信号就会减弱。

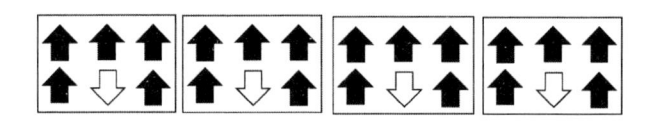

然而，如果我们给你看如下所示的第二个序列，你的神经元会对最后一个方格做出强烈的反应。因为你预期朝上的黑色箭头将与朝下的白色箭头数量相等，但是实际却完全不同。你可能会停下来思考为什么现实与你的预期不相符。

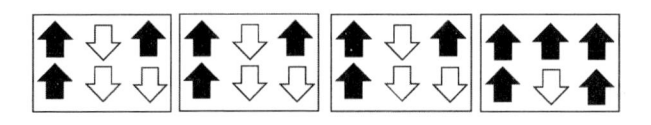

尼夫正试图重新编程我们的世界，以便将来当我们看到一个白色箭头和五个黑色箭头的图形时，我们会感到惊讶并注意到它，因为我们已经对一半黑色箭头朝上、一半白色箭头朝下的图形习惯化了。她这样做是为了减少科学领域的性别偏见，但是她的技术可以应用于任何领域，无论是商业还是政府和艺术领域。

歧视和偏见的根源无疑是非常复杂的。历史的、经济的、政治的和宗教的因素，都会引发歧视和偏见，但是许多根源都可以追溯到我们大脑工作的基本规则，因为是这些规则决定了我们能看到什么，会错过什么，以及我们会预期什么和什么会让我们感到惊讶。一旦我们对这些规则有了明确的认识，我们就可以使本来应该突出但被埋没的事物凸显出来，同时也许还能使本来不重要却很显眼的事情变得不那么突出。

12
暴政：

毁灭性过程的渐进本质

每一步都是如此之小……人们看不出它已经一天天地发展起来，就像农民看不出他田地里的玉米每天都在长高一样。然后，到了某一天，它变得让所有人都无力承受。

某位匿名德国公民[1]

假设一个国家正在走向暴政*，公民权利和公民自由处于危险之中，持不同政见者成了政治迫害的目标，言论自由受到攻击，记者和其他许多人都因为被认为对政权构成威胁而遭到恐吓、监禁、伤害甚至残杀。不过，如果所有这些都是逐渐发生的，而不是突然发生的，人们是不是也会对它们习惯化？他们多久才会习惯化？

为了回答这些问题，我们可以试着从历史上的民主国家堕落为专制国家的轨迹中学到一些东西。也许，我们首先可以从

---

* 本章的部分内容改编自卡斯·R. 桑斯坦的著作《这不正常：日常预期政治学》(*This Is Not Normal: The Politics of Everyday Expectations*，耶鲁大学出版社，2021 年)，以及卡斯·R. 桑斯坦的一篇文章《它在这里也可能发生》(*It Can Happen Here*)，2018 年 6 月 28 日刊载于《纽约书评》(*New York Review of Books*)。

20世纪30年代纳粹在德国的崛起中学到一些东西。不过还有一个问题，阿道夫·希特勒的纳粹政权是如此难以想象地可怕和野蛮，以至许多当代读者很难认出彼时的德国真的是一个现代国家。那段时期留下的许多记载，描述了一系列发生在这个疯狂的国家中的完全超出当代人想象的事件。这就产生了一种距离感，甚至可能会产生一种舒适感，就好像我们正在阅读一本反乌托邦科幻小说一样，似乎希特勒只是一个虚构人物，而不是一个来自并不久远的历史的真实人物。

幸运的是，在那个时代留下来的涉及希特勒如何崛起的描述中，也有很多是关于自身经历的、私人性的记录。它们不太关注历史人物、权力斗争、重大事件、国家宣传、谋杀和战争，而是更多地关注个人生活的细节。这些描述探索了实时发生的习惯化过程。它们不仅有助于解释普通人是如何参与到那些可怕的事件中的，还有助于解释人们是如何安静地置身其中并过着相当"正常"的日子的。也正因为如此，这些描述不仅能够为现在生活在真正的暴政恐怖之中的人们提供教训，而且同样可以为那些生活在暴政恐怖可能永远不会降临但民主实践和规范受到严重压力的国家中的人提供教训。关于政治、习惯化和日常生活之间的关系，这些描述可以告诉我们一些非常重要的东西，尽管它们是在政治秩序失去其根基的时候留下来的。

逐步扩大的灾难

米尔顿·迈耶出版于1955年的经典著作《他们以为他们是自由的》和塞巴斯蒂安·哈夫纳1939年未完成的回忆录《解读希特勒》对纳粹统治下普通人的生活进行了深刻的描述。尤其是后者，在令人震惊、让人窒息之余，还给人一种现场感，即让你觉得在希特勒崛起的过程中，你每时每刻都在场。[2] 这两本书讲述的故事，并没有一味聚焦于历史人物如何做出有决定意义的决策，而是着力于探索普通人如何驾驭自己的生活。

哈夫纳其实是一个化名，他的真名是雷蒙德·普雷策尔（Raimund Pretzel）。他在英国流亡期间开始使用这个化名，以免危及他在德国的家人。哈夫纳是一名记者，他不是历史学家，也不是理论家，但是他打断了自己引人入胜的叙述，致力于解决一个更宽泛的问题："什么是历史，历史发生在哪里？"他写道，大多数历史著作给读者的印象是，"历史只有不超过几十个人参与其中。这些人恰好是'国家这艘大船的掌舵人'，他们的行动和决定就构成了所谓的历史"[3]。在哈夫纳看来，这种认识是错误的。"我们这些匿名的普通人"绝不仅仅是历史"棋局中的棋子"。

恰恰相反，"即便是最强大的独裁者、部长和将军，对于广大民众同时接受的集体决定也是无能为力的，尽管民众个体在接受这种决定时几乎是无意识的"[4]。哈夫纳坚持认为，必须深入调查涉及"德国人的私人生活、情感和思想"的"那些非常奇特、非常具有启发性的心理过程和经历",这种研究非常重要。在他的叙述中,这些私人生活、情感和思想既奇特又极具启发性,部分原因是它们展示了人们如何应对灾难性的政治动荡,以及随之而来的恐惧。哈夫纳既不是心理学家,也不是神经科学家,但是他关注的焦点直指心理过程、情绪和思想,而且他谈到的很多东西都涉及习惯化。

作为一名德裔美国记者,迈耶在1935年曾经试图与阿道夫·希特勒见上一面。他没能见到希特勒。但是他确实曾在纳粹德国各地旅行和考察。他惊讶地发现,纳粹主义是一场群众运动,而不是少数恶魔的暴政。了解到这一点之后,迈耶断定他原来的计划全错了。他真正感兴趣的不是希特勒,而是德国的普通人——像他自己这样的普通人。在德国人身上,"发生了一些在我和我的同胞身上没有(或者说到目前为止还没有)发生的事情"[5]。1952年,迈耶重访德国,寻找纳粹主义当年"成功"的原因,并探索民主何时以及是否会崩溃为法西斯主义,以及人们如何实时地对法西斯主义做出反应并对它习惯化。

为了找到这些问题的答案,迈耶决定深入研究下去。他把注意力集中在了10个人身上,他们在许多方面都不同,但是有一个共同点:他们都是纳粹党的成员。最终,这10个人同意接受迈耶的访谈,因为他们认同了他的解释,即作为一个有德国人血统的美国人,他希望这项研究有助于让他的国家的人民更好地了解德国。迈耶在这件事和其他几乎所有事情上都是完全诚实的,但是他还是没有透露一个核心事实,即他没有告诉他们他是一个犹太人。

迈耶选中的这 10 个研究对象,在 20 世纪 30 年代末(这是迈耶最感兴趣的时期)的身份多种多样:一个看门人、一个士兵、一个家具工人、一个办公室经理、一个面包师、一个收账人、一个检查员、一个高中教师、一个警察,还有一个高中生。他们全都是男性,没有任何人担任过领导或有影响力的职务。他们在形容自己时都说 "wir kleine Leute"(我们只是一些小人物)。这 10 个人都住在马尔堡,那是一个坐落在拉恩河畔的大学城,离法兰克福不远。

迈耶花了整整一年时间与这 10 个人交谈。所有的谈话都是在轻松的、非正式的氛围下进行的——例如,在喝咖啡或吃饭的时候,又或者在漫步度过漫长而轻松的夜晚的时候。他和每个人都成了朋友(自始至终,他都是这样称呼他们的)。迈耶自己对此显然也颇感惊讶,他说:"我就是喜欢他们。这真没有办法。"他们这些人,擅长讽刺,也很风趣,并且懂得自嘲。他们中的大多数人都喜欢一个起源于纳粹德国时期的笑话:"雅利安人是一个什么样的人?""雅利安人是一个像希特勒一样高大,像戈培尔一样金发碧眼,像戈林一样苗条的人。"

这些人可能还具有较高的"街头智慧"。在谈到希特勒统治时期普通人对时局的看法时,其中一个人反问道:"反对?……怎么会有人知道如何反对?人们怎么知道别人反对什么或不反对什么呢?一个人说他反对或不反对,取决于环境、地点、时间、针对谁,以及他怎么说。然后你还必须猜他为什么会说那些话。"[6]

迈耶这位新朋友的这番话,表达的就是《他们以为他们是自由的》一书第 10 章中提到的"偏好伪装"思想:由于现有的社会规范(或官方的威胁),人们常常不能说出自己的真正喜好和想法,至少在公共场合是这样。[7] 偏好伪装随处可见,在民主国家亦然。这是政治制度以及任何现状都可能比人们想象的要脆弱得多的原因之一。一旦威权主义政权站稳脚跟,偏好伪装就会大行其道,从而导致普遍的习惯化。这是因为,如果人们不知道他人其实很担忧或很愤怒,那么他们就更有可能对他们所看到的一切习惯化,并把它们当成正常的事情。在当年,随着时间的推移,人们对纳粹主义的很多方面都逐渐习惯化了,尽管他们根本不喜欢。

迈耶得出的最令人震惊的一个结论是,除了唯一一个"部分例外"(即那位高中教师),10 个研究对象中没有人"对纳粹主义的看法与我们——你和我——有任何相似之处"。大多数人都认为纳粹主义是一种暴政,它奴役或谋杀公民,侵犯人权;但是迈耶的这 10 个研究对象"不仅在 1933 年之前不知道纳粹主义是邪恶的,而且在 1933 年到 1945 年间也不知道它是邪恶的,甚至现在仍然不知道!"。在第二次世界大战结束 7 年之后,当他们回顾希特勒统治下的德国战前岁月时,依然认为那是他们一生中最美好的时光。

根据迈耶的描述,人们关注的是自己的生活,以及"在自己的日常生活中遇到的景致"。正是出于这个原因,民主规范可能遭到破坏，民主制度可能逐渐崩塌。

迈耶没有对他的任何一个研究对象提起过反犹主义，但是在交谈过几次之后，他们每个人都主动提起了反犹主义，而且此后不断地回到这个话题上来。1938年，当德国各地的暴徒焚毁犹太教堂时，当地的大多数德国人认为自己只有一个义务，那就是"不要去干涉"。最后，迈耶给他这些朋友看了一份1938年11月11日的当地报纸，上面有一篇报道称："昨天有一些男性犹太人被拘留了，那是为了他们自己的安全着想。今天早晨，他们被打发出城去了。"迈耶这些朋友却说，自己不记得曾经看到过这篇报道或任何其他类似的东西。

那位面包师显然觉得很是黯然神伤，他回忆道："我们根本没有时间思考，那时发生了太多事情。"他的叙述几乎与迈耶的一位同事——当时身在美国的一位德国语言学家——如出一辙，后者强调了德国坠入暴政的整个过程的毁灭性渐进本质，他说："我们没有时间去思考这些在我们身边一点一点逐步扩大的可怕的事情。"

这位语言学家指出，这个政权下定决心要扭转民众的心意，方法是通过无休止的自我庆祝活动和戏剧性事件（通常是针对真实的或想象的敌人组织的），让"民众一点一点地逐渐习惯化"。根据他的描述，"转变的每一步都是如此之小，如此貌似无关紧要，又似乎有很好的理由，只是偶尔显得令人遗憾"，以至"人们看不出它已经一天天地发展起来，就像农民看不出他田地里的玉米每天都在长高一样。然后，到了某一天，它变得让所有人都无力承受"[8]。

日常生活的伪装

哈夫纳为我们提供了一幅互补的画面。他关注的主要是1933年发生的各种事件。那一年，他只有25岁，在大学主修法律，目标是成为一名法官或行政人员。根据哈夫纳的描述，他的朋友和同学们成天兴高采烈地参加各种娱乐活动，对自己的职业前景和爱情生活充满了憧憬。尽管针对持不同政见者的迫害行动很早之前就在进行，但是当时普通市民却被没完没了的庆祝活动分散了注意力。人们互相调情，享受浪漫，"去看电影，在一家小酒吧吃点儿东西，喝些基安蒂酒，然后一起去跳舞"。这种"日常生活的自动延续"促进了习惯化，阻碍了任何有组织的、强有力的对抗恐怖暴政的反应。[9]

在哈夫纳的叙述中，自由和法治的崩溃是逐步发生的，其中一些变化似乎是微不足道的。德国从来不是在突然之间就整个翻转过来的。哈夫纳认为，尽管纳粹主义的全部邪恶行径是随着时间的推移而逐渐为人所知的，但是它的真实性质却是显而易见的，而且从一开始就为许多德国人所知——尽管他们不知道它最终会做些什么。

这种描述也适用于犹太人自己的反应。1933年，当纳粹军官来到犹太人商店外面威胁犹太人时，犹太人只是觉得自己"被冒犯了"。是的，他们没有担惊受怕或焦虑不安，而只是觉得"被冒犯了"。我们似乎有理由认为，单纯的被冒犯感——没有担心或焦虑,更不用说恐惧了——是一种合理的最初反应。不过,哈夫纳要强调的是,对于希特勒的残暴,以及即将到来的日常生活的政治化,很多德国人从一开始就非常清楚。在希特勒上台执政的早期,一个自称德国共和党人的人建议哈夫纳不要再多说怀疑的话了,因为它们没有什么用处。他说:"我想,我比你更了解法西斯主义者。但是没有办法,我们共和党人不得不和恶狼一起号叫。"[10]

随后,书开始从书店和图书馆消失了。杂志和报纸也慢慢消失了。只有"坚持纳粹党的路线"的书报杂志才能留存下来。早在1933年,那些拒绝成为纳粹分子的德国人就发现自己"处于一种可怕的境地:这是一种彻底的、无法缓解的绝望;你每天都会受到欺凌和羞辱"[11]。

每一幕都比上一幕糟糕,但只是糟糕一点点

正是因为他们的描述细致入微,甚至带有私人化的"亲密性质",所以迈耶和哈夫纳能够直接向那些关心到底是什么让自由和民主变得脆弱的人说话。当迈耶的研究对象声称对希特勒的所作所为一无所知时,我们不知道是不是应该相信他们。迈耶自己

也不能确定。但是,当他的研究对象说发生的事情是一种缓慢的习惯化时,他们显然是有说服力的。

一位接受迈耶采访的德国公民是这样说的:"每一次行动,每一个场合,都比上一次、上一场更糟,但是只糟糕一点点……如果纳粹政权最后也最坏的一个行动是紧随着第一个最小的行动而来的,那么肯定会有成千上万的人,甚至数以百万计的人觉得震惊……当然,事情并不是这样发生的。在这两者之间,安排了成百上千个小步骤,其中有一些是完全无法察觉的。每一个步骤都是在让你做好不被下一个步骤震惊的准备。步骤 C 并不比步骤 B 糟糕多少,而且,如果你没有在步骤 B 中明确宣示你的立场,那么为什么要在步骤 C 中宣示立场呢?如此这般,然后到了步骤 D。"[12]

步骤 D 是纳粹政权对数百万犹太人的屠杀。但是,这种种族灭绝并不是直接从步骤 D 开始的,而是从步骤 A 开始的。对德国犹太人的法律、经济和社会权利的限制,是在整个 20 世纪 30 年代逐渐而稳定地积累起来的。1933 年 4 月 1 日,先是犹太人拥有的企业遭到全面抵制。此后不久,犹太律师被取消律师资格,犹太人被禁止成为记者。几个月后,德国立法机关通过了一项法律,授权医生对犹太人进行非自愿的绝育。此后,许多其他限制犹太人权利的政策措施相继到位。针对犹太人的暴力行为一直持续到 1939 年。1939 年,希特勒授权对精神和身体残疾者进行非自愿安乐死,最终导致了系统性的大规模处决。

正如我们在前面看到的,当一个事件永恒不变地存在着,或者频繁出现，又或者只是非常缓慢地变化时，就会发生习惯化。即便最终是一个大爆炸，如果在它之前有一个稍小一点儿的爆炸，然后在那之前又有一个更小的爆炸……以此类推，那么最后的大爆炸也有可能被忽略。但是，如果人们在没有接触到前面各个步骤的情况下就遇到了"爆炸"，那么他们就没有机会习惯化，因此更有可能做出强烈反应。

这也是局外人的通常经验，他们只有等到步骤 D 发生时才会意识到自身环境之外出现了可怕的情况，因为他们没有直接接触过步骤 A、B 和 C。那些从外界惊恐不安地观察着这种可怕情况的人（比如在国外观察到恐怖事件的公民），可能不太容易习惯化（因为他们没有接触过一路以来的所有步骤），于是可能会选择挺身而出，去帮助那些需要帮助的人，同时努力打击那些造成伤害的人，而不是仅仅当旁观者。

哈夫纳认为，一些内部人可能很早就看清楚了正在发生的事情，这既可能是他们的立场和经验联合作用的结果，也可能是由于他们有先见之明或固执己见。有一些犹太人就是这样，他们在为时已晚之前及时逃离了德国。哈夫纳把自己也划入了这一类人："对于纳粹主义，我的嗅觉非常灵敏，而且我毫不怀疑我察觉的气味。当时有人还在喋喋不休地讨论，在他们所谓的目标和意图中哪些仍然是可以接受的，甚至'从历史上看是有其合理性的'。但是我对这种讨论非常厌烦，因为所有这些都臭不可闻。真是臭得慌啊！纳粹是敌人，是我的敌人，是我所珍视的一切的敌人，这一点从一开始我就一清二楚。"[13]

然而，这个阵营通常不会很大。习惯化、困惑、分心、自私自利、恐惧、合理化和个人的无力感，都使得可怕的事情成为可能。它们不仅有助于解释纳粹主义的兴起，也有助于解释许多国家民主制度的瓦解和自由的丧失。

习惯化有限度吗？

那么，对恐怖的习惯到底有多普遍？你可能会认为，我们无法从20世纪30年代德国发生的事情中得出有一般意义的教训。对张三、李四这样的普通人而言，如果对他们施加侵害行为并逐渐加大至骇人听闻的程度，那么有多少人能够忍受这些行为？又有多少人会参与，或者有多少人会奋起反抗？

要回答这些问题，不妨先考虑下面的场景（这个故事对你来说可能很熟悉，但是我们将从这个古老的故事中提炼出一个新的含义）。[14]

在8月的一个温暖的日子里，你走进了耶鲁大学心理学系的一栋古老的棕色砖砌建筑，参加一项实验。[15]那个星期早些时候，招募你的研究人员告诉你，这项研究的目的是检验惩罚对记忆的影响。到达实验室后，你受到研究人员的欢迎，他带你和另一名志愿者一起走进了一个房间。研究人员解释说，你将与坐在隔壁房间的另一个志愿者一起完成实验。你扮演老师的角色，而你的搭档扮演学生的角色。"学生"会拿到一张纸，上面列出了要求他记忆的单词。当"学生"犯了记忆错误时就要接受惩罚，作为"老师"的你只需要按下一台机器上的按钮，机器就会对绑在电椅上的"学生"进行一次电击。

在那台电击发生器的控制面板上，清楚地画出了30个电压等级，范围从15伏到450伏。每个级别的旁边都有一个说明，从"轻微的电击"（接近最低电压）到"危险：严重的电击"（接近最高电压）。不过，研究人员向你们保证，"虽然受到电击的人会非常痛苦，但是不会造成永久性的组织损伤"，并让你用最低电压在自己的手臂上试一试。在测试之后，你表示同意，受到电击似乎并没有那么糟糕。于是，实验开始了！

你通过对讲机说出了要求你的"学生"记忆的第一个单词的提示词"Breadsticks"（面包棒），"学生"给出的答案是"Fish fingers"（鱼条）。回答正确。然后你说出了第二个提示词"Windfall"（意外之财），"学生"回答"Dinosaur"（恐龙）。这是错误的答案，于是研究人员要求你按下一个按钮，对"学生"施以最低电压的电击。"学生"每多犯一次错误，你就必须把电压升高15伏。就这样，30伏、45伏、60伏、75伏，电压一路升高。到75伏时，你听到从另一个房间里传来了轻微的嘟哝声。然后，你继续实验，90伏、105伏、120伏。这时，"学生"开始大声喊痛。

到150伏时，"学生"哭叫起来："实验员，快带我离开这里！我不想再参加实验了！我拒绝继续下去！"到180伏时,"学生"几乎要崩溃了:"太痛啦,我无法忍受了。"到270伏时,"学生"尖声嘶叫;到300伏时,学生拒绝回答问题。在达到330伏之后,这个学生的声音就听不见了。那么,你什么时候会停止电击?

正如你已经注意到的,上面的场景模仿了耶鲁大学心理学家斯坦利·米尔格拉姆(Stanley Milgram)在1961年进行的一系列著名实验。[16] 不过,在米尔格拉姆的实验中,那些"学生"其实是为米尔格拉姆工作的同事。在最初的实验中,米尔格拉姆报告说,有65%的参与者按下了450伏电击的按钮,这比"危险:严重的电击"等级高出了两级。在后来的实验中,有62%的参与者按下了最高等级电压的按钮。米尔格拉姆的实验参与者不太可能是反社会者。他们来自各行各业,有工程师、高中教师和邮政职员。虽然米尔格拉姆的实验参与者都是男性,但是在2009年进行的一个类似实验表明,上述基本结果在男性和女性参与者中都同样成立(只是女性的服从率略低一点儿)。[17]

米尔格拉姆进行这项实验研究的目的是解释威权主义的兴起,正如第二次世界大战前的德国所经历的那样。他试图通过这个实验研究人的服从性,进而了解人们是如何参与到那些令人恐怖的行动中的。确实,他的实验告诉了我们一些关于人的服从性的重要发现。但是有意无意地,米尔格拉姆其实也在研究习惯化。

试想一下,如果米尔格拉姆一开始就要求参加他的实验的志愿者进行最高等级的电击惩罚，会有多少人服从这个指示？我们认为，这个数字将会比这些实验得到的结果低得多。通过要求"老师"一步一步地提高电压，从A到B，从B到C，再从C到D，米尔格拉姆成功地诱导了习惯化。"老师"在第一步（进行15伏的电击）时可能会感到一丝内疚，但是这种内疚之情会随着每多进行一次电击而逐渐消退。当"老师"到达步骤D（进行很高电压的电击）时，他们已经适应了电击会给另一个人带来可怕的痛苦的事实以及他们自己在想到这一点时的内疚情绪。

在耶鲁大学的一个受控的实验室里对另一个志愿者进行电击，与参加（或在旁观察）种族灭绝行动，当然绝对不可相提并论，但是我们有理由认为，在这两种情况下都有类似的原则在发挥作用。当恐惧在最开始时很小，然后逐渐增大时，它会引发更弱的情绪反应、更少的抵抗和更多的接受，从而允许越来越大的恐惧在光天化日之下肆虐。对这种现象有明确认识，会帮助更多的人预见到即将发生的事情并及时采取行动。

13
法律：

如何给痛苦定价？

几年前，在马萨诸塞州康科德，一个寒冷、黑暗的夜晚，天空飘着雪，卡斯步履匆匆地走在路上。他穿过街道给儿子买了一个比萨，然后又穿过街道沿最近的路线回家。

卡斯知道的下一件事是，他在一个房间里醒来，那里似乎是医院。他的身上连着各种各样的仪器。卡斯发现自己全身都是伤。他的头很痛，胳膊刺疼，腿也疼得厉害，不过最疼的还是胸口。卡斯几乎完全不能动弹。他想："这种情况有两种可能。第一种可能是我受伤进了医院，而且伤得相当重。第二种可能是，我又做梦了。看起来我更像是在做梦。"卡斯对这个结论感到很满意，于是马上又睡着了。几个小时后，他又醒了过来。怎么还在医院？是同一家医院，而且全身还在痛。这不是梦！

主治医生告诉卡斯，他被一辆时速大约65千米的汽车撞了。"你现在可以松口气了。你很幸运，那辆车完全可能直接把你撞死。"医生这样说道。卡斯当然没有感到如释重负。医生用平静、实事求是的语气继续说道："你有严重的脑震荡，还有多处骨折。"然后，医生问卡斯能不能动一下脚趾。卡斯做到了，于是医生开心地笑了起来，显然大大松了一口气。医生向卡斯解释说，他已经睡了整整 12 个小时。现在，虽然他的伤又多又重，但所有的迹象都表明他会完全康复。接下来的几个星期——也可能是几个月——是艰难的恢复期，不过相信过不了太久，他就会好起来。

医生的诊断是正确的。卡斯恢复得很快，尽管最初的几个星期很难熬，需要克服相当大的痛苦和困难。在那几个星期里，当地警察给卡斯提供了这场交通事故的更多细节。那晚在暴风雪中，卡斯穿过街道时的能见度很低，很明显，撞卡斯的那个司机完全没有看到他，也没有放慢车速。卡斯的一些朋友建议他起诉司机要求赔偿。

不过卡斯绝对没兴趣这么做。但是，如果司机确实有过失，例如超速驾驶而且没有注意路况，卡斯可能会因为自己遭受的"痛苦和折磨"而获得一大笔钱，用来补偿他因受伤而经历的痛苦。他也可能会得到"享乐损害赔偿"，因为他在康复期间失去了很多生活乐趣（不能跑，不能跳，不能走，不能打网球……）。

在许多法律体系中，你可以为遭受的伤病和痛苦以及因袭击、交通事故、餐馆食物中毒、工作中的性骚扰等而减少的生活乐趣获得赔偿。有些人甚至通过这种方式赚到了很多钱。简单地说，"痛苦和折磨"是关于经历的不快乐（如饱受伤痛折磨一个小时或一整天），而"享乐损害"是关于失去的快乐（因无法享受某些活动）。

所以，如果你被一辆车撞了，花了几个星期才恢复健康，你无疑会经历很多"痛苦和折磨"，于是法律系统就会"问"，需要给你赔付多少钱，才能使你的境况至少不比你从未被车撞时更糟？你可能会忍不住说："你不是在开玩笑吧？赔再多钱也不够！"这可能是对的。但是能够得到一定补偿肯定比得不到任何补偿好。如果你没有遭受太多的痛苦，也许一些钱确实能够补偿你那过得不太好的几个星期。即便你遭受了非常大的痛苦，给你一大笔钱也有可能让你觉得得到了极大的补偿。至少，这是人们希望达到的效果。

关于享乐损害赔偿，关键在于，如果你受到了伤害，你就可能失去一些东西，包括因无法从事你喜欢或热爱的活动而蒙受的损失。例如，你也许好几个月无法跑步。因此，赔偿金应该是用来弥补你的损失的，即让你的整体幸福感大致恢复到你没有受伤时的水平。当然，也许再多的钱也无法让你回到从前（至少对最可怕的损伤来说是这样的）。但是我们的目标只能这样设定，即尽量让人们恢复到没有受伤时所能享受的幸福水平。

对赔偿的规定还能起到威慑作用。这种制度能鼓励人们安全驾驶，降低让顾客食物中毒的风险，只生产没有有害副作用的药物，等等。

为了确定适当的赔偿金，陪审团和法官必须先回答一些关于人们的体验的性质和质量的难题。例如，他们需要计算出，车祸后8个星期的恢复时间意味着多大的幸福感损失，然后将这些知识转化为金钱数字。正确的赔偿数额是1万美元吗？5万美元？10万美元？还是20万美元？抑或更多？陪审团或法官又怎么知道应该赔偿多少？即便有过亲身经历，卡斯还是认为自己并不清楚。原因何在？

读了本书前面的章节，你可能知道原因在哪里了。这是因为，在习惯化之后，人们遭受的痛苦和折磨、失去的幸福，可能会比没有习惯化时少得多。但是这样说很不直观。许多研究清楚地表明，我们在预测可怕的事件将会如何影响我们自己和他人时，会严重低估习惯化的影响。举例来说，请想象一下，有一个人不幸在工作中失去了两根手指，法律体系需要将他的损失（包括"痛苦和折磨"）货币化。你在凭空想象的时候，可能会认为失去两根手指似乎极可怕。但是，由于存在习惯化，这种损失对人的实际体验的影响，在日复一日或月复一月的时光流逝之后，可能没有当初想象的那么严重。

经过一段时间的调整和过渡，失去两根手指的人对自身境况的感觉，可能并不会比没有失去两根手指的人差太多。实际上，他们的境况甚至可能根本不会变得更糟。（例如，一些研究得到的引人注目的结果表明，从某些指标来看，普通人和失去部分肢体的人的幸福程度似乎没有多少区别。[1]）对陪审团成员和法官来说，他们也会和其他人一样低估人们习惯于一只手有三根手指的能力。因此，他们可能会夸大精神损失的程度。

这类错误还会因所谓的聚焦错觉而加剧。聚焦错觉的基本思想是，你在想到生活的某一方面时，往往会夸大它的重要性。

你会认为它有比实际更大的影响。用丹尼尔·卡尼曼的话来说："生活中没有任何东西比你在思考它时所认为的更加重要。"[2]

例如,无论是住在加州的人,还是不住在加州的人,都倾向于认为加州人更快乐。[3]但是,研究发现,住在加州的人其实并不比住在其他地方的人更快乐。特别是在说到加州的天气时,住在加州的人和住在俄亥俄州的人都认为他们在加州时更快乐——尽管数据表明,天气在大多数人的幸福感中并不是一个特别重要的决定因素。是什么导致了这种现象?一般的观点是,因为人们把注意力集中在了某个特定的损失或收益上,却没有注意到,在该损失或收益发生后,他们就不太可能继续关注它了。这就是说,当"发动"人们去考虑天气这个因素,或对决定大多数人的幸福感作用相对较小的其他因素时(例如出色的运动能力),聚焦错觉会导致人们过度重视这个因素。

因此,当法律要求对损失做出损害赔偿时,陪审团和法官的注意力都会集中到涉及的损失上来。这就好像是在问陪审团成员"你们在加州会更快乐吗?"一样。陪审团成员和法官可能非常关注某个特定的伤害,因此他们不太可能看到,在日常生活中,人们在大多数时候可能不会太关注那个伤害。而且,审判的环境本身就会让人们忽视习惯化,产生聚焦错觉。*从这个角度来看,不难发现一些数额可观的对"痛苦和折磨"的赔偿判决可能受

---

* 这一点对原告和陪审团都成立。那些提起诉讼的人当然会非常关注他们受到的伤害——可能比那些不提起诉讼的人更加关注。在这个意义上,甚至阻止(某些)原告提起诉讼也是有一定道理的,因为诉讼会阻碍习惯化。

到了这种聚焦错觉的影响[4]：例如，对一只手失去感觉和力量的100万美元的赔偿[5]，或者对失去一根手指的150万美元的赔偿[6]。

同样的逻辑也适用于"享乐损害"。假设某人失去了行动能力，不能再去滑雪或踢足球了。滑雪当然很棒，踢足球也很棒。但是，如果问题改为"这个人在'生活的乐趣'上到底损失了多少"，那么答案就有可能是"远没有你想象的那么多"。

需要明确的是，正如卡斯自己可以证明的那样，即便习惯化意味着长期危害比预期的要小，短期危害也可能是极其严重的。在短期内，人们可能会经历非常难以承受的痛苦、恐惧、哀悼和悲伤，对这些给予大额补偿显然是合理的。这就是说，对于短期的强烈痛苦或严重的损失感，应该给予巨额的金钱赔偿。

此外，习惯化并不一定会发生，即便发生了，也可能只是局部性的。在某些情况下，法官或陪审团判决的赔偿金额可能严重不足。例如，有的人对身体疼痛的习惯化可能特别困难，不少人甚至永远无法习惯化。现在假设，某位原告在事故中落下了慢性背痛，疼痛程度可能相对较低，但是如果一直不痊愈，后果可能会很可怕。在类似这样的情况下，不难找到陪审团只支持较低损害赔偿的案例。例如：

> · 事故导致原告每个星期头痛三到四次，同时手、膝盖和肩膀持续疼痛，判决赔偿4000美元。[7]

- 事故导致19岁女性原告髋关节损伤和背部疼痛，判决赔偿2.5万美元。[8]
- 事故导致原告颈椎间盘突出和半月板撕裂，并伴随颈部永久性疼痛，判决支付3万美元。[9]

在这些案例中，赔偿金显然都太低了，因为习惯化可能不会发生或可能非常有限，从而导致伤害可能是持久性的。当你第一次想到这类损害时，轻微的背部疼痛、头痛、耳鸣、颈部或膝盖疼痛似乎并不算特别严重。这些病痛对我们很多人来说都很熟悉，不像失去肢体那么不常见。因此不难想象，法官或陪审团成员很可能得出这样的结论：虽然头痛令人不愉快，但是它可以成为日常生活的一部分，而失去肢体则是毁灭性的。但是，如果人们不能对头痛、耳鸣和类似的情况习惯化，他们就会蒙受巨大的损害，这可能是法官或陪审团成员没有认识到的。再者，如果事故导致受害者抑郁或焦虑，这些心理健康问题也会严重减缓习惯化过程（我们在本书第4章中已经看到这一点了）。情感上的伤害可能非常大，给予重大损害赔偿是合理的。然而，法官和陪审团成员很可能看不到这一点。

能力上的损害

"痛苦和折磨"与"享乐损害"这两个概念表明，重要的是人们是不是在承受痛苦，是不是失去了快乐。（在许多国家，法律条文就是这么说的。）但是，正如我们已经看到的，情绪状态本身并不是一切。法律体系应该注意到这一点，而且也正在注意到这一点。假设事故使你失去了一条腿，经过一段艰难但短暂的适应期后，你重新变得与没有失去腿的时候一样快乐。在这种情况下，法律应该无视你受的伤害吗？

当然不是。你不能用腿走路了，你也肯定无法快速奔跑了。你不能参与许多你过去认为理所当然的活动了。你可能不再感到疼痛，你可能不再感到痛苦或悲伤，尽管如此，你还是失去了一种能力。[10] 你当然应该因这种损失而得到赔偿。这种损失是真实而重大的，即便用衡量你的情绪状态的指标也无法确定这种损失究竟有多大。而且我们必须考虑如下事实：有大量证据表明，即便人们已经对某种健康问题习惯化，他们也强烈希望自己保持完全健康，只有这样他们才不会觉得自己遭受了太多痛苦，才能觉得自己确实在享受生活。[11]

那些失去了某种身体能力或认知能力的人，遭受了客观伤害。例如，做过结肠造口术或每个星期都不得不接受几次肾透析治疗的人，无论他们的情绪状态如何，他们都蒙受了真正的损失。事实上，尽管做过结肠造口术的人的幸福感似乎并不比没有做过结肠造口术的人低多少，但是他们报告称，如果不需要做结肠造口术，他们甚至愿意缩短寿命，最多愿意缩短15%的寿命。[12] 类似地，需要定期做肾透析的患者似乎与其他人一样都能享受生活，但是他们中的许多人说，他们愿意减少自己的寿命来换取一对功能正常的肾。[13]

当然，也有可能，这些病人容易产生聚焦错觉，就像住在芝加哥或克利夫兰的人一样，他们认为如果能够体验到洛杉矶人所享受的天气，他们的生活就会好得多。尽管如此，这些病人愿意放弃可观的寿命来换取身体健康这个事实似乎表明，他们正在蒙受真正的损失——能力的损失——即便他们的情绪状态看上去相当不错。

在许多情况下，我们可能需要把"痛苦和折磨""享乐损害"理解为能力受到了损害，例如，对于丧失了运动能力的人[14]、丧失了味觉和嗅觉的人[15]、丧失了协调能力的人[16]、丧失了性功能的人[17]……法庭会判给他们很多钱。在这类案件中，法庭之所以做出这样的判决，可能是因为法庭认为原告远远没有以前那么快乐了。如果是这样，那么它可能想错了。真正的理由是，所有这些原告都失去了某种能力，因此理应得到巨额赔偿。

如果人们不能走路、不能跑跳、不能参加体育活动……那么他们的人生就受到了极大的损害，哪怕他们能够对这种损害习惯化也是一样。如果人们对损失习惯化了，那么他们的生活会比不能习惯化时好得多。即便如此，损失仍然是损失，人们理应为此得到补偿。

14
屡见屡鲜：
去习惯化的未来

虽然人类是不完美的，但是应该有不同的意见，因此也应该有不同的生活实验，这是有益的。

约翰·斯图尔特·密尔
(John Stuart Mill)[1]

1271年，一个名叫马可·波罗的意大利年轻人离开家乡威尼斯，踏上了前往中国的旅程。这是一次非常艰难的旅行，马可·波罗必须翻过无数崇山峻岭，并穿越一个大沙漠。旅途中，食物经常短缺，可以饮用的水也很有限，而且他还生过几场病。但是，马可下定决心要到达目的地。最终，经过大约4年的艰辛，他实现了自己的目标。[2] 马可·波罗成了当时少数几个做到这一点的意大利人之一。

　　746年后，又有一个名叫马可的意大利人离开他的祖国来到了中国。他也同样越过了沙漠和高山，但是他是乘坐喷气式飞机旅行，而不是靠步行。上飞机后，他吃了一顿美味的鸡肉晚餐，喝了一杯白葡萄酒，刷了一集电视剧，然后睡了一觉。当他醒来时，他就已经身在北京了。他总共花了9小时13分钟就到达了目的地。那一年，大约有25万意大利人以这种方式来到中国，马可只是其中之一。

又过了5年，第三个名叫马可的年轻意大利人在威尼斯自己的公寓里虚拟旅游。他戴上耳机，几秒钟后就来到了中国的长城脚下。在接下来的32分钟里，他登上了这个宏伟的建筑，一路上与当地人轻松地聊着天。马可是数百万体验虚拟现实的意大利人之一。

今天，你（的大脑）可以在几分钟内就轻松到达地球上的任何地方（甚至更远）。利用互联网或虚拟现实技术，你可以让自己通过思想，在制度、文化和传统各异的不同地方进行沉浸式体验，并与拥有不同信仰、遵守不同规范的人建立联系。你也可以通过神奇的商业航班在几个小时内亲身到达那些地方游览，体验你以前从未闻过、听过或见过的气味、声音和景象。

然而，就在不久之前，大多数人还都是在离出生地不超过几千米的狭窄地域内度过一生的。千百年来，无论是叫马可、玛丽、汤姆，还是叫亚伯拉罕、萨拉、弗朗西斯卡，所有普通人都只说一种方言，接触一种文化，品尝一类美食，欣赏一处风景。他们认为自己的存在是天生如此的、不可避免的和固定不变的。他们对周围的一切全都习惯化了。大多数人无法想象还有其他可能的现实存在。他们的许多信仰是错误的，他们的有些习俗是残酷的，但是，由于无法与其他思想观念和制度规范进行比较，因此他们很难注意到可以改进的地方以及如何改进。由于受到自身经验的限制，他们无法轻易看出哪些是值得称赞和庆祝的，哪些是需要仔细审视和重新评估的。

当然，你的祖先并不是铁板一块，而是包括了很多有不同信仰、偏好和想法的个体。然而，对你的祖先来说，要弄明白他们的上帝只是许多可以用来崇拜的对象之一是非常困难的；他们也很难明白，十五六摄氏度对生活在塞内加尔的人来说是"寒冷"的，而对生活在瑞典的人来说却是"温暖"的。为了让你的祖先接受不同的观点，从而使他们能够重新反思他们错误地认为理所当然的东西，"生活中的实验"也许是必不可少的。

约翰·斯图尔特·密尔曾经对"生活的实验"（experiments of living）大加赞颂，我们就是从他这个术语中引申出"生活中的实验"（experiments in living）这个词的。[*3] 穆勒经常强调从一定距离之外观察一个人的信仰、价值观、规范和处境的重要性，因为这样才能对它们进行评估，进而明白做出改变的可取性。[4]

仅仅基于有限的经验，你无法通过你的直觉确定，对你、你的家庭或你的社区来说，什么是好的，什么是坏的。部分原因在于决定你的大脑功能和结构的那些规则。当环境、规范和行为固定不变时，你的心智的算法会让你很难注意到周围的奇迹和恶魔。那么，你怎么才能知道什么对你的生活和社会是最好的，什么是需要改变的，什么是应该庆祝的呢？

对于这些问题，你可以这样思考：你怎么知道吸烟会致癌？你怎么知道一枚银币是不是会漂浮在平静的蓝色湖面上？你怎么知道柠檬派好不好吃？你是通过实验来知晓这些的。你可以尝一

---

* 因此，密尔指出，"目前人类进步程度仍然比较低。在这种状态下，让人类接触与自己不同的人，接触与他们熟悉的思维和行动模式不同的模式，有巨大的价值"。

口柠檬派，你可以把硬币放在水面上试一下，你可以对吸烟者和不吸烟者的寿命进行比较。在很多非常重要的方面，同样的实验方法也适用于好与坏的概念。这些概念需要用你通过近距离观察甚至亲身实践获得的经验来检验，而不能简单地通过与你的直觉进行比较来评估。*

诚然，生命短暂，资源有限，所以你不可能通过亲身体验所有的生活方式来找到最适合你的生活方式，也不可能通过亲身尝试所有信念来找到最适合你的信仰。马可·波罗的重要性也就体现在这里。

马可·波罗拥有丰富多彩的人生，他的生活方式在心理层面上可以说是非常"富足"的。他离开欧洲去了亚洲，在他那个时代这样做既困难又罕见。他来到了另一个完全不同的世界，因此他实现了去习惯化。新世界的每个方面都影响了他关于旧世界的观点。他对统治、家庭、婚姻、残酷、智慧和美丽的看法全都发生了变化。他察觉某些味道和声音的能力也发生了质的变化。

原因很明显。你如何评价和感知对象、概念和事件，甚至你能不能注意到它们，都取决于具体情境。价值观和感知取决于你在同时期观察到了哪些其他对象，经历了哪些事件，以及你在过去曾经获得过什么经验。（请回想一下本书用来作为题词的赫伯特·乔治·威尔斯的那段话："成千上万的半兽人，最初看到时

---

* 关于美好生活有哪些组成部分这个问题，我们并不想提出任何可能带来争议的哲学主张。不过最根本的一点非常简单：如果不了解其他选择，就很难知道什么是好的，什么是坏的。

是那么不自然，那么令人厌恶，但是对我来说，他们很快就变得自然而平常了。我因此想，世间万物的色彩，或许原本都来自我们周围环境的平均色调吧。"[5])

例如，在看到一张面孔的时候，你对它是不是具有威胁性的判断，取决于你所看到的其他面孔。[6]当你周围都是有威胁性的面孔时，你会对这些面孔习惯化；因此，你会把轻度威胁的面孔视为中性的。相反，当具有很高威胁性的面孔极少出现时，你可能会认为具有轻微威胁性的面孔其实非常具有威胁性。或者，再想象一下，假设你的任务是判断哪些研究计划是符合伦理规范的，哪些是不符合伦理规范的。如果在一大堆研究计划书中，有很多是明显不道德的计划，那么你就更有可能批准那些有一定问题但算不上明显不道德的计划。评价和看法取决于到底什么是普遍的。因此，如果与众不同的事物变得很普遍，你的看法就会改变，你对对与错的看法也会随之变得不同。[7]

马可·波罗彻底改变了他所处的情境。当他在24年后重新回到意大利时，他已不再习惯欧洲的习俗和文化。但是他的旅行最重要的一个影响是，他一个人完成的"生活的实验"所改变的，绝不仅仅限于他自己。马可·波罗将他观察到的一切与家乡的人分享，先是口头分享，后来又汇集成了《马可·波罗游记》一书，详细描述了他的旅行。[8]从这个意义上说，马可·波罗也是一个去习惯化先驱。

《马可·波罗游记》是由比萨的鲁斯蒂谦（Rustichello da Pisa）将马可·波罗讲述的故事记录而写成的，它向欧洲人描述了一个完全不同的文化和世界。这本书大获成功。它为读者提供了一个观察自己生活的全新视角。有了新的视角，他们就能够实现去习惯化，这样他们的眼睛就能注意到身边以往看不到的缤纷色彩。因此，新的视角，帮助他们关闭了大脑中的灰色标尺。"生活中的实验"让实验者（马可·波罗）和观察者（读者）都能以一种全新的视角重新评估自己的生活，重新评估可能已经僵化的信念。

　　今天，要成为一名实验者和观察者都比以前容易多了。与历史上任何一个时期相比，现在人类更有可能接触到各种与自己不同的人，接触到自己不熟悉的思维方式和行动模式。原因之一是国际旅行变得容易多了。即使你不幸生活在一个面临各种严重问题（高犯罪率、空气肮脏、高度贫困、严重腐败）的城市或国家中，你也可以很容易地近距离观察到，不存在这些问题的城市和国家是什么样子的。相反，如果你生活在一个在很多方面都非常出彩的城市或国家中，你也很容易近距离地观察到那些远远不如你生活的地方的城市和国家。

　　虽然没有什么可以完全代替亲身体验，但是你确实不必专门为了接触不同类型的人和不同的生活方式而去旅行。你在互联网上就可以尝试类似的事情，包括接触到可能会让你震惊的文本、图像、视频和虚拟现实。你所遇到的东西，可能是令你反感的，也可能是令人兴奋的。但是无论哪种情况，它们都可能使你以一种全新的眼光看待自己的处境和生活，让你重新对眼前的一切感到惊讶。

伟大的棒球运动员尤吉·贝拉（Yogi Berra）曾经说过："预测是非常困难的，对未来的预测尤其如此。"我们同意这个观点。尽管如此，现有的和不断涌现的各种技术，仍然有望把不同的信仰和传统之间的距离拉近。我们很容易设想这样一个未来：人们在一天之内（甚至只需花上早晨的一段时间），就能够体验到各种不同的现实，并将它们与他们自己的经历分开，进而从全新的角度来认识这些经历。

这些技术可以成为"去习惯化机器"，把我们先从现实中拉出来，然后再重新回到现实。在某些情况下，结果可能是令人不安和不愉快的。我们可能会突然看到一些可怕的事情。但在其他很多情况下，我们有理由预期，我们的世界必定会重新变得光芒四射。

致 谢

许多人在我们撰写本书的过程中提供了帮助，我们对他们表示感谢。One Signal 出版社的编辑朱莉娅·谢菲茨慧眼识珠，在我们开始构思本书时就看到了成功的希望，并以巧妙的方式引导我们将构思变成了最终的书稿。朱莉娅给我们提供的指导意见和注意事项是无价的。利特尔 & 布朗出版社的编辑萨米尔·拉希姆为我们提供了极有见地的评论，他对本书的乐观态度也令我们感佩。我们很感激聪明的蒂姆·怀廷，感谢他对本书和我们之前的著作的信心。我们还要感谢艾达·罗思柴尔德，他在最后阶段对本书进行了严谨认真的研究，并提出了许多修改建议，使本书得到了显著的改进。

感谢我们杰出的经纪人，来自 Compass Talent 的希瑟·施罗德、来自 Conville and Walsh 的索菲·兰伯特、来自 Wylie Agency 的萨拉·查尔方特，以及同样来自 Wylie Agency 的丽贝卡·内格尔，如果没有她们，本书就不会问世。我们非常幸运，有这几位坚强而聪明的女性为我们提供帮助，她们不仅是我们这本书的"助产士"，也是关心我们的热心朋友。

感谢阿米尔·多伦为我们提供了本书中描述的几个有趣的故事，也感谢马尼·拉马斯瓦米和露西尔·凯利斯非常有益的讨论。我们还要感谢奥伦·巴尔－吉尔、劳拉·格洛比格、埃里克·波斯纳、利龙·罗森克兰茨、马克·图什内特和瓦伦丁娜·韦拉尼对本书初稿的宝贵意见。我们非常感谢情感大脑实验室的杰出学者，他们的部分研究成果也反映在了本书中，他们是：尼尔·加勒特、哈迪尔·哈吉·阿里、克里斯·凯利、巴斯蒂恩·布莱恩、斯特凡妮·拉扎罗、萨拉·郑、诺拉·霍尔茨、艾琳·科利亚蒂·德扎、摩西·格利克曼和因迪亚·平霍恩。我们还要感谢哈佛法学院及其行为经济学和公共政策项目，以及院长约翰·曼宁，为我们提供的各种支持。最后，我们感谢凯瑟琳·里佐和维多利亚·余在完成本书过程中的付出。

塔利的个人致谢：非常感谢我的家人对我的支持。我很幸运，每天都有一个最聪明的人在我身边——我的丈夫乔希·麦克德莫特。他的意见永远是我最信任的。我要把这本书献给我们不同寻常且可爱善良的两个孩子利维娅和利奥。我对他们所有人的爱永远不会"习惯化"。

卡斯的个人致谢：特别感谢我的妻子萨曼莎·鲍尔，感谢她的智慧、幽默和善良，感谢她多次与我讨论本书。我两个较小的孩子德克兰和里安是耐心而积极的对话者，我的大孩子埃琳自始至终都是我的好朋友。我把本书献给他们和利维娅及利奥。我的拉布拉多猎犬斯诺和芬利一直陪伴着我,它们也在不同的阶段(我希望是以一种微妙的方式)进入了本书。

注 释

导言:
我们为何总能习惯一切,为何不应习惯一切

1. Vincent Gaston Dethier, *The Hungry Fly: A Physiological Study of the Behavior Associated with Feeding* (Cambridge, MA: Harvard University Press, 1976), 411. 作者关于本书引用的参考文献的说明:本书提供了大量的注释和参考文献,而且通常列明了页码;如果某个特定的论点或某段具体的引文是很容易找到的,那么我们将遵循惯例指出其出处。
2. M. Ramaswami, "Network Plasticity in Adaptive Filtering and Behavioral Habituation," *Neuron* 82 (6) (June 18, 2014): 1216–29.
3. New Study Finds What Triggers the "Holiday Feeling," *Travel Bulletin*, 2019, https://www.travelbulletin.co.uk/news-mainmenu/new-study-finds-what-triggers-the-holiday-feeling.
4. 维基百科(Wikipedia),"Dagen H."词条。
5. A. Dembosky, "Can Virtual Reality Be Used to Combat Racial Bias in Health Care?," KQED, April 2021, https://www.kqed.org/news/11898973/can-virtual-reality-help-combat-racial-bias-in-health-care VR reduces bias.
6. H. Allcott et al., "The Welfare Effects of Social Media," *American Economic Review* 110 (3) (2020): 629–76.
7. B. Cavalazzi et al., "Cellular Remains in a ~3.42-Billion-Year-Old Subseafloor Hydrothermal Environment," *Science Advances* 7 (9) (2021); and Matthew S. Dodd et al., "Evidence for Early Life in Earth's Oldest Hydrothermal Vent Precipitates," *Nature* 543 (7643) (2017): 60–64.
8. B. T. Juang et al., "Endogenous Nuclear RNAi Mediates Behavioral Adaptation to Odor,"

Cell 154 (5) (2013): 1010 – 22 ; and D. L. Noelle et al., "The Cyclic GMP-Dependent Protein Kinase EGL-4 Regulates Olfactory Adaptation in *C. elegans*," *Neuron* 36 (6) (2002): 1079 – 89.

9. Carl Zimmer, "How Many Cells Are in Your Body?," *National Geographic*, October 23, 2013, https://www.nationalgeographic.com/science/article/how-many-cells-are-in-your-body#:~:text=37.2%20trillion%20cells.,magnitude%20except%20in%20the%20movies.

10. Eric R. Kandel et al., eds., *Principles of Neural Science*, 5th ed. (New York: McGraw-Hill, 2013) ; and W. G. Regehr, "Short-Term Presynaptic Plasticity," *Cold Spring Harbor Perspectives in Biology* 4 (7) (2012): a005702.

11. I. P. V. Troxler, "On the Disappearance of Given Objects from Our Visual Field," ed. K. Himly and J. A. Schmidt, *Ophthalmologische Bibliothek* 2 (2) (1804): 1 – 53.

12. J. Benda, "Neural Adaptation," *Current Biology* 31 (3) (2021): R110 – R116.

13. A. S. Bristol and T. J. Carew, "Differential Role of Inhibition in Habituation of Two Independent Afferent Pathways to a Common Motor Output," *Learning & Memory* 12 (1) (2005): 52 – 60.

14. E. N. Sokolov, "Higher Nervous Functions: The Orienting Reflex," *Annual Review of Physiology* 25 (1) (1963): 545 – 80.

15. A. Ishai et al., "Repetition Suppression of Faces Is Modulated by Emotion," *Proceedings of the National Academy of Sciences of the USA* 101 (2004): 9827 – 32.

1 快乐：
关于冰激凌、中年危机和一夫一妻制

1. 这是美国好莱坞明星朱莉娅·罗伯茨在接受《纽约时报》的大卫·马切斯采访时说的一段话，详见：David Marchese, "Julia Roberts Hasn't Changed. But Hollywood Has," *New York Times*, April 18, 2022, https://www.nytimes.com/interactive/2022/04/18/magazine/julia-roberts-interview.html。

2. 同上。

3. 同上。

4. R. E. Lucas et al., "Reexamining Adaptation and the Set Point Model of Happiness: Reactions to Changes in Marital Status," *Journal of Personality and Social Psychology* 84 (3) (2003): 527.

5. Tibor Scitovsky, *The Joyless Economy: The Psychology of Human Satisfaction* (Oxford: Oxford University Press on Demand, 1992), 71.

6. L. H. Epstein et al., "Long-Term Habituation to Food in Obese and Nonobese Women," *American Journal of Clinical Nutrition* 94 (2) (2011): 371 – 76.

7. R. B. Zajonc, "Feeling and Thinking: Preferences Need No Inference," *American Psychologist* 35 (February 1980): 151–71.

8. L. D. Nelson and T. Meyvis, "Interrupted Consumption: Disrupting Adaptation to Hedonic Experiences," *Journal of Marketing Research* 45 (6) (2008): 654‑64.

9. Laurie Santos, "My Life Is Awesome, So Why Can't I Enjoy It?" Aspen Ideas, https://www.aspenideas.org/sessions/my-life-is-awesome-so-why-cant-i-enjoy-it.

10. O. Itkes et al., "Dissociating Affective and Semantic Valence," *Journal of Experimental Psychology: General* 146 (7) (2017): 924.

11. B. Blain and R. B. Rutledge, "Momentary Subjective Well-Being Depends on Learning and Not Reward," *eLife*, November 17, 2020, 9.

12. Oscar Wilde, *The Importance of Being Earnest* (1898), 20.

13. A. Geana et al., "Boredom, Information-Seeking and Exploration," Semantic Scholar, 2016, 6, https://www.semanticscholar.org/paper/Boredom%2C-Information-Seeking-and-Exploration-Geana-Wilson/20851b975b4e2cb99ed2f11cfb2067e10304661b.

14. C. Graham and J. Ruiz Pouel, "Happiness, Stress, and Age: How the U Curve Varies across People and Places," *Journal of Population Economics* 30 (1) (2017): 225‑64.

15. Graham and Ruiz Pouel, "Happiness, Stress, and Age."

16. National Institute of Mental Health, https://www.nimh.nih.gov/health/statistics/suicide.

17. T. Gilovich, A. Kumar, and L. Jampol, "A Wonderful Life: Experiential Consumption and the Pursuit of Happiness," *Journal of Consumer Psychology* 25 (1) (2015): 152‑65.

18. 同上。

19. *The Works of Samuel Johnson*, LL.D., Volume 1 (New York: George Dearborn, 1837), 412.

20. 同上。

21. Wilde, *The Importance of Being Earnest*, 6‑7.

22. Esther Perel, *Mating in Captivity: Unlocking Erotic Intelligence* (New York: Harper, 2007), 272. 我们在本书的好几个地方都引用了这本书；不过在其他几处引用时仅在注释中给出了页码。

23. 同上书，第10页。

24. 同上。

25. T. K. Shackelford et al., "Absence Makes the Adaptations Grow Fonder: Proportion of Time Apart from Parther, Male Sexual Psychology, and Sperm Competition in Humans (*Homo sapiens*)," *Journal of Comparative Psychology* 121 (2) (2007): 214.

26. S. Frederick and G. Loewenstein, "Hedonic Adaptation," in *Well-Being: The Foundations of Hedonic Psychology*, ed. Daniel Kahneman, Edward Diener, and Norbert Schwarz (New York: Russell Sage, 1999), 302‑29.

27. D. M. Lydon-Staley et al., "Hunters, Busybodies and the Knowledge Network Building Associated with Deprivation Curiosity," *Nature Human Behaviour* 5 (3) (2021): 327‑36.

28. Chris Weller, "6 Novels Bill Gates Thinks Everyone Should Read," *Business Insider*, 2017.

29. Tom Popomaronis, "Here's a Full List of Every Book Warren Buffett Has Recommended

This Decade—in His Annual Letters," CNBC, 2019.

2 变化：
幸福和意义之外的第三种选择

1. James Sudakow, "This Is Why Good Employees Resign within Their First Year and What You Can Do about It," Inc.com, October 18, 2017.
2. Adam Vaccaro, "Why Employees Quit Jobs Right After They've Started," Inc.com, April 17, 2014.
3. E. Diener, R. E. Lucas, and S. Oishi, "Subjective Well-Being: The Science of Happiness and Life Satisfaction," *Handbook of Positive Psychology* 2 (2002): 63–73.
4. E. L. Deci and R. M. Ryan, "Hedonia, Eudaimonia, and Well-Being: An Introduction," *Journal of Happiness Studies* 9 (1) (2008): 1–11.
5. E. O'Brien and S. Kassirer, "People Are Slow to Adapt to the Warm Glow of Giving," *Psychological Science* 30 (2) (2019): 193–204.
6. 同上。
7. S. Oishi and E. C. Westgate, "A Psychologically Rich Life: Beyond Happiness and Meaning," *Psychological Review* 129 (4) (2022): 790.
8. 同上。
9. S. D. Levitt, "Heads or Tails: The Impact of a Coin Toss on Major Life Decisions and Subsequent Happiness," *Review of Economic Studies* 88 (1) (2021): 378–405.
10. 同上。
11. 同上。
12. L. D. Nelson and T. Meyvis, "Interrupted Consumption: Disrupting Adaptation to Hedonic Experiences," *Journal of Marketing Research* 45 (6) (2008): 654–64.
13. 同上。
14. 同上。
15. 同上。
16. 同上。
17. 同上。
18. "New Study Finds What Triggers the 'Holiday Feeling,'" *Travel Bulletin*, 2019, https://www.travelbulletin.co.uk/news-mainmenu/new-study-finds-what-triggers-the-holiday-feeling.
19. 同上。

3 社交媒体：
如何从技术导致的昏迷中醒来

1. Tim Harford, "Your Phone's Notification Settings and the Meaning of Life," *Forbes*, 2022.
2. Sam Holstein, "10 Great Ways Quitting Social Media Changed My Life for the Better," https://samholstein.com/10-great-ways-quitting-social-media-changed-my-life-for-the-better/.
3. Shovan Chowdhury, "14 Remarkable Ways My Life Changed When I Quit Social Media," Inc.com, September 21, 2017, https://www.inc.com/quora/14-remarkable-ways-my-life-changed-when-i-quit-soc.html.
4. H. Allcott et al., "The Welfare Effects of Social Media," *American Economic Review* 110 (3) (2020): 629–76.
5. R. Zalani, "Screen Time Statistics (2022): Your Smartphone Is Hurting You," Elite Content Marketer.
6. D. Ruby, "Social Media Users—How Many People Use Social Media in 2023," Demand Sage, 2023, https://www.demandsage.com/social-media-users/.
7. Allcott et al., "The Welfare Effects of Social Media."
8. L. Braghieri, R. E. Levy, and A. Makarin, "Social Media and Mental Health," *American Economic Review* 112 (11) (2022): 3660–93.
9. 同上。
10. Allcott et al., "The Welfare Effects of Social Media."
11. S. Frederick and G. Loewenstein, "Hedonic Adaptation," in *Well-Being: The Foundations of Hedonic Psychology*, ed. Daniel Kahneman, Edward Diener, and Norbert Schwarz (New York: Russell Sage, 1999), 302–29.
12. 同上。
13. L. H. Bukstel and P. R. Kilmann, "Psychological Effects of Imprisonment on Confined Individuals," *Psychological Bulletin* 88 (2) (1980): 469.
14. Frederick and Loewenstein, "Hedonic Adaptation."
15. A. Scalia, "The Rule of Law as a Law of Rules," *University of Chicago Law Review* 56 (1989): 1175.
16. Allcott et al., "The Welfare Effects of Social Media," 655.
17. 同上。
18. Arthur Krieger, "Rethinking Addiction," *Blog of the APA*, April 21, 2022, https://blog.apaonline.org/2022/04/21/rethinking-addiction/; for the original, see Benjamin Rush, *Medical Inquiries and Observations Upon the Diseases of the Mind* (New York: Hafner, 1810), 266.
19. H. Allcott, M. Gentzkow, and L. Song, "Digital Addiction," *American Economic Review* 112 (7) (2022): 2424–63.
20. 同上。
21. C. Kelly and T. Sharot, "Knowledge-Seeking Reflects and Shapes Mental Health,"

PsyArXiv, 2023.

22. Chowdhury, "14 Remarkable Ways My Life Changed When I Quit Social Media."

4 韧性：
健康思维的关键因素

1. Attributed to Michael Rutter 1985, https://medium.com/explore-the-limits/resilience-is-our-ability-to-bounce-back-from-lifes-challenges-and-unforeseen-difficulties-3e99485535a.

2. A. S. Heller, N. I. Kraus, and W. J. Villano, "Depression Is Associated with Blunted Affective Responses to Naturalistic Reward Prediction Error" (in prep).

3. S. Nolen-Hoeksema, B. E. Wisco, and S. Lyubomirsky, "Rethinking Rumination," *Perspectives on Psychological Science* 3 (5) (2008): 400–424.

4. L. K. Globig, B. Blain, and T. Sharot, "When Private Optimism Meets Public Despair: Dissociable Effects on Behavior and Well-Being," *Journal of Risk & Uncertainty* 64 (2022): 1–22.

5. Lara Aknin, Jamil Zaki, and Elizabeth Dunn, "The Pandemic Did Not Affect Mental Health the Way You Think," *Atlantic*, 2021.

6. D. Fancourt et al., "COVID-19 Social Study," *Results Release* 10 (2021): 25.

7. 同上。

8. R. E. Lucas, A. E. Clark, Y. Georgellis, and E. Diener, "Reexamining Adaptation and the Set Point Model of Happiness: Reactions to Changes in Marital Status," *Journal of Personality and Social Psychology* 84 (3) (2003): 527

9. K. S. Kendler et al., "A Swedish National Twin Study of Lifetime Major Depression," *American Journal of Psychiatry* 163 (1) (2006): 109–14.

10. D. Cannizzaro, "Return to Normalcy Causing Post-Pandemic Anxiety," Wilx.com, 2021, https://www.wilx.com/2021/06/02/return-to-normalcy-causing-post-pandemic-anxiety/.

11. Upasana Bhat and Tae-jun Kang, "Empress Masako: The Japanese Princess Who Struggles with Royal Life," BBC, 2019.

12. "Adjustment Disorders," Mayo Clinic, 2019, https://www.mayoclinic.org/diseases-conditions/adjustment-disorders/symptoms-causes/syc-20355224.

13. A. Ishai, "Repetition Suppression of Faces Is Modulated by Emotion," *Proceedings of the National Academy of Sciences of the USA* 101 (2004): 9827–32.

14. L. E. Williams et al., "Reduced Habituation in Patients with Schizophrenia," *Schizophrenia Research* 151 (1–3) (2013): 124–32.

15. G. N. Andrade et al., "Atypical Visual and Somatosensory Adaptation in Schizophrenia-Spectrum Disorders," *Translational Psychiatry* 6 (5) (2016): e804.

16. Wikipedia, s.v. "Ornithophobia."

17. J. S. Abramowitz, B. J. Deacon, and S. P. Whiteside, *Exposure Therapy for Anxiety: Principles and Practice* (New York: Guilford, 2019).

5 创造力：
克服思维的习惯化

1. C. W. Pollard, *The Soul of the Firm* (Grand Rapids: HarperCollins, 1996), 116.
2. T. Goldman, "High Jumper Dick Fosbury, Who Revolutionized the Sport, with His 'Flop,' Dies at 76," NPR, 2023.
3. Wikipedia, s.v. "Richard Douglas Fosbury."
4. Welch, *The Wizard of Foz: Dick Fosbury's One-Man High-Jump Revolution* (New York: Simon & Schuster, 2018). 我们在本书的好几个地方都引用了这本书，不过在其他几处引用时仅在注释中给出了页码。
5. 同上。
6. Tower, "Trial and Error: How Dick Fosbury Revolutionized the High Jump," Globalsportsmatters.com, 2018; and "How One Man Changed the High Jump Forever," Olympics, 2018, https://www.youtube.com/watch?v=CZsH46Ek2ao.
7. W. W. Maddux and A. D. Galinsky, "Cultural Borders and Mental Barriers: The Relationship between Living Abroad and Creativity," *Journal of Personality and Social Psychology* 96 (5) (2009): 1047.
8. E. Frith et al., "Systematic Review of the Proposed Associations between Physical Exercise and Creative Thinking," *Europe's Journal of Psychology* 15 (4) (2019): 858.
9. K. J. Main et al., "Change It Up: Inactivity and Repetitive Activity Reduce Creative Thinking," *Journal of Creative Behavior* 54 (2) (2020): 395–406.
10. 同上。
11. 同上。
12. 同上。
13. S. H. Carson, J. B. Peterson, and D. M. Higgins, "Decreased Latent Inhibition Is Associated with Increased Creative Achievement in High-Functioning Individuals," *Journal of Personality and Social Psychology* 85 (3) (2003): 499.
14. 同上。
15. C. Martindale et al., "Creativity, Oversensitivity, and Rate of Habituation," *Personality and Individual Differences* 20 (4) (1996): 423–27.
16. Carson, Peterson, and Higgins, "Decreased Latent Inhibition Is Associated with Increased Creative Achievement in High-Functioning Individuals."
17. Welch, *The Wizard of Foz*.
18. Richard H. Thaler, convocation address, University of Chicago Graduate School of Business, June 15, 2003.

19. Wikipedia, s.v. "Richard Douglas Fosbury."
20. 同上。
21. Welch, *The Wizard of Foz*.

6 说谎：
如何保证你的孩子不会长出一个长鼻子

1. Bonnie Kirchner, *The Bernard Madoff Investment Scam* (Upper Saddle River, NJ: FT Press, 2010).
2. Tali Sharot, "The Danger of Small Lies," Thrive Global, 2022, https://community.thriveglobal.com/the-danger-of-small-lies/.
3. N. Garrett et al., "The Brain Adapts to Dishonesty," *Nature Neuroscience* 19 (12) (2016): 1727–32.
4. D. T. Welsh et al., "The Slippery Slope: How Small Ethical Transgressions Pave the Way for Larger Future Transgressions," *Journal of Applied Psychology*, 100 (1) (2015): 114.
5. H. C. Breiter et al., "Response and Habituation of the Human Amygdala during Visual Processing of Facial Expression," *Neuron* 17 (1996): 875–87; A. Ishai et al., "Repetition Suppression of Faces Is Modulated by Emotion," *Proceedings of the National Academy of Sciences of the USA* 101 (2004): 9827–32; and B. T. Denny et al., "Insula-Amygdala Functional Connectivity Is Correlated with Habituation to Repeated Negative Images," *Social Cognitive and Affective Neuroscience* 9 (2014): 1660–67.
6. P. Dalton, "Olfaction," in *Steven's Handbook of Experimental Psychology: Sensation and Perception*, ed. H. Pashler and S. Yantis (Hoboken, NJ: John Wiley & Sons, 2002), 691–746.
7. S. Schachter and B. Latané, "Crime, Cognition, and the Autonomic Nervous System," in *Nebraska Symposium on Motivation 12*, ed. D. Levine (Lincoln: University of Nebraska, 1964), 221–75.
8. Tali Sharot and Neil Garrett, "Trump's Lying Seems to Be Getting Worse. Psychology Suggests There's a Reason Why," MSNBC, May 23, 2018.
9. K. A. Janezic and A. Gallego, "Eliciting Preferences for Truth-Telling in a Survey of Politicians," *Proceedings of the National Academy of Sciences of the USA* 117 (36) (2020): 22002–8.
10. Jennifer Graham, "Americans Are Increasingly Comfortable with Many White Lies, New Poll Reveals," *Deseret News*, March 28, 2018.
11. Welsh et al., "The Slippery Slope."
12. Clair Weaver, "Belle Gibson: The Girl Who Conned Us All," *Australian Women's Weekly*, June 25, 2015.
13. Melissa Davey, " 'None of It's True': Wellness Blogger Belle Gibson Admits She Never Had Cancer," *Guardian*, April 22, 2015.

14. 我们注意到，有强有力的证据表明，一些研究不诚实行为的行为科学家自己也在编造数据。
15. Kirchner, *The Bernard Madoff Investment Scam.*
16. 同上。
17. J. Graham, J. Haidt, and B. A. Nosek, "Liberals and Conservatives Rely on Different Sets of Moral Foundations," *Journal of Personality and Social Psychology* 96 (5) (2009): 1029.
18. J. Baron and M. Spranca, "Protected Values," *Organizational Behavior and Human Decision Processes* 70 (1) (1997): 1–16; and A. P. McGraw and P. E. Tetlock, "Taboo Trade-Offs, Relational Framing, and the Acceptability of Exchanges," *Journal of Consumer Psychology* 15 (1) (2005): 2–15.
19. *Haaretz*, https://www.haaretz.co.il/gallery/galleryfriday/2022-06-09/ty-article-magazine/.highlight/00000181-3e90-d207-a795-7ef0418c0000.
20. Bernard Williams, *Moral Luck: Philosophical Papers, 1973–1980* (Cambridge: Cambridge University Press, 1981), 18.
21. Sharot, Garrett, and Lazzaro, unpublished article.

7 （错误）信息：
如何让人们相信（几乎）任何事情

1. Adolf Hitler, *Mein Kampf: Zwei Bände in einem Band* (Berlin: Franz Eher Nachfolger, 1943).
2. L. Hasher, D. Goldstein, and T. Toppino, "Frequency and the Conference of Referential Validity," *Journal of Verbal Learning and Verbal Behavior* 16 (1) (1977): 107–12.
3. 同上。
4. A. Hassan and S. J. Barber, "The Effects of Repetition Frequency on the Illusory Truth Effect," *Cognitive Research: Principles and Implications* 6 (1) (2021): 1–12.
5. G. Pennycook, T. D. Cannon, and D. G. Rand, "Prior Exposure Increases Perceived Accuracy of Fake News," *Journal of Experimental Psychology: General* 147 (12) (2018): 1865.
6. L. K. Fazio et al., "Knowledge Does Not Protect against Illusory Truth," *Journal of Experimental Psychology: General* 144 (5) (2015): 993.
7. J. De Keersmaecker et al., "Investigating the Robustness of the Illusory Truth Effect across Individual Differences in Cognitive Ability, Need for Cognitive Closure, and Cognitive Style," *Personality and Social Psychology Bulletin* 46 (2) (2020): 204–15.
8. 同上。
9. J. P. Mitchell et al., "Misattribution Errors in Alzheimer's Disease: The Illusory Truth Effect," *Neuropsychology* 20 (2) (2006): 185
10. T. R. Levine et al., "Norms, Expectations, and Deception: A Norm Violation Model of

Veracity Judgments," *Communications Monographs* 67 (2) (2000): 123 – 37.

11. D. L. Schacter, "The Seven Sins of Memory: Insights from Psychology and Cognitive Neuroscience," *American Psychologist* 54 (3) (1999): 182.

12. I. Begg, V. Armour, and T. Kerr, "On Believing What We Remember," *Canadian Journal of Behavioural Science / Revue canadienne des sciences du comportement* 17 (3) (1985): 199.

13. K. Fiedler, "Metacognitive Myopia—Gullibility as a Major Obstacle in the Way of Irrational Behavior," in *The Social Psychology of Gullibility: Fake News, Conspiracy Theories, and Irrational Beliefs*, ed. Joseph P. Forgas and Roy Baumeister (New York: Routledge, 2019), 123 – 39.

14. A. J. Horner and R. N. Henson, "Priming, Response Learning and Repetition Suppression," *Neuropsychologia* 46 (7) (2008): 1979 – 91.

15. R. Reber and N. Schwarz, "Effects of Perceptual Fluency on Judgments of Truth," *Consciousness and Cognition* 8 (3) (1999): 338 – 42.

16. Hitler, *Mein Kampf*.

17. V. Vellani et al., "The Illusory Truth Effect Leads to the Spread of Misinformation," *Cognition* 236 (2023): 105421.

18. Barbara Mikkelson, "Leper in Chesterfield Cigarette Factory," Snopes, December 17, 1999, https://www.snopes.com/fact-check/the-leper-who-changes-spots/.

19. I. Skurnik et al., "How Warnings about False Claims Become Recommendations," *Journal of Consumer Research* 31 (4) (2005): 713 – 24.

20. 同上。

21. M. Pantazi, O. Klein, and M. Kissine, "Is Justice Blind or Myopic? An Examination of the Effects of Meta-Cognitive Myopia and Truth Bias on Mock Jurors and Judges," *Judgment and Decision Making* 15 (2) (2020): 214.

22. G. Pennycook et al., "Shifting Attention to Accuracy Can Reduce Misinformation Online," *Nature* 592 (7855) (2021): 590 – 95.

23. T. Sharot, "To Quell Misinformation, Use Carrots—Not Just Sticks," *Nature* 591 (7850) (2021): 347.

24. L. K. Globig, N. Holtz, and T. Sharot, "Changing the Incentive Structure of Social Media Platforms to Halt the Spread of Misinformation," *eLife* 12 (2023): e85767.

8 风险：
瑞典人的"右行交通日"

1. Mark Synnott, "Legendary Climber Alex Honnold Shares His Closest Call," *National Geographic*, December 30, 2015, https://www.nationalgeographic.com/adventure/article/ropeless-climber-alex-honnolds-closest-call.

2. "Magician Killed Attempting Coffin Escape Trick," *Los Angeles Times*, November 1, 1990;

and "When Magic Kills the Magician," *Jon Finch* (blog), https://www.finchmagician.com/blog/when-magic-kills-the-magician.

3. "Magician Dies in Halloween Houdini-Type Stunt," United Press International, November 1, 1990, https://www.upi.com/Archives/1990/11/01/Magician-dies-in-Halloween-Houdini-type-stunt/2524657435600/.

4. 同上。

5. Donald S. Bosch, "Risk Habituation," Headington Institute, 2016, https://www.headington-institute.org/resource/risk-habituation/.

6. H. Haj Ali, M. Glickman, and T. Sharot, "Slippery Slope of Risk-Taking: The Role of Habituation in Risk-Taking Escalation," Computational Cognitive Neuroscience Annual Meeting, 2023.

7. G. F. Loewenstein et al., "Risk as Feelings," *Psychological Bulletin* 127 (2) (2001): 267.

8. Ian Kershaw et al., "David Cameron's Legacy: The Historians' Verdict," *Guardian*, July 15, 2016, https://www.theguardian.com/politics/2016/jul/15/david-camerons-legacy-the-historians-verdict.

9. L. K. Globig, B. Blain, and T. Sharot, "Perceptions of Personal and Public Risk: Dissociable Effects on Behavior and Well-Being," *Journal of Risk and Uncertainty* 64 (2022): 213–34.

10. P. Slovic, "Perception of Risk," *Science* 236 (4799) (1987): 280–85.

11. J. E. Corter and Y. J. Chen, "Do Investment Risk Tolerance Attitudes Predict Portfolio Risk?" *Journal of Business and Psychology* 20 (3) (2006): 369–81.

12. "Why Workplace Accidents Often Happen Late in Projects," ISHN, October 1, 2016, https://www.ishn.com/articles/104925-why-workplace-accidents-often-happen-late-in-projects.

13. Neil Swidey, *Trapped Under the Sea: One Engineering Marvel, Five Men, and a Disaster Ten Miles into the Darkness* (New York: Crown, 2014).

14. Juni Daalmans, *Human Behavior in Hazardous Situations: Best Practice Safety Management in the Chemical and Process Industries* (Oxford, UK: Butterworth-Heinemann, 2012).

15. 同上。

16. "Switch to the Right," *Time*, 1967; "Swedish Motorists Move to Right," *Montreal Gazette*, 1967; and Wikipedia, s.v. "Dagen H."

17. C. Perakslis, "Dagen Hogertrafik (H-Day) and Risk Habituation [Last Word]," *IEEE Technology and Society Magazine* 35 (1) (2016): 88.

18. "Cigarette Labeling and Health Warning Requirements," FDA, https://www.fda.gov/tobacco-products/labeling-and-warning-statements-tobacco-products/cigarette-labeling-and-health-warning-requirements.

19. B. B. Anderson et al., "How Polymorphic Warnings Reduce Habituation in the Brain: Insights from an fMRI Study," *Proceedings of the 33rd Annual ACM Conference on Human Factors in Computing Systems*, 2015, 2883–92.

20. A. Vance et al., "Tuning Out Security Warnings: A Longitudinal Examination of Habituation through fMRI, Eye Tracking, and Field Experiments," *MIS Quarterly* 42 (2) (2018): 355–80.

21. 同上。

22. N. Kim and C. R. Ahn, "Using a Virtual Reality-Based Experiment Environment to Examine Risk Habituation in Construction Safety," *Proceedings of the International Symposium on Automation and Robotics in Construction* (IAARC), 2020.

23. Haj Ali, Glickman, and Sharot, "Slippery Slope of Risk-Taking."

24. "Mortality among Teenagers Aged 12–19 Years: United States, 1999–2006," NCHS Data Brief no. 37, May 2010; and "CDC Childhood Injury Report," 2008.

25. Synnott, "Legendary Climber Alex Honnold Shares His Closest Call."

9 环境：
夏天，身在南方的你住到了养猪场边上

1. René Dubos, "Mere Survival Is Not Enough for Man," *Life*, July 24, 1970, 2.

2. https://www.quora.com/Whats-it-like-to-live-near-train-tracks.

3. https://www.quora.com/How-do-people-who-live-near-the-airport-cope-with-the-noise/answer/Brady-Wade-2.

4. https://libquotes.com/robert-orben/quote/lbw1u0d.

5. https://www.quora.com/How-do-people-who-live-near-the-airport-cope-with-the-noise/answer/Brady-Wade-2.

6. G. W. Evans, S. V. Jacobs, and N. B. Frager, "Adaptation to Air Pollution," *Journal of Environmental Psychology* 2 (2) (1982): 99–108.

7. "Report Says LA Has Most Polluted Air in the US," NBC, 2022.

8. Matthew Taylor and Sandra Laville, "British People Unaware of Pollution Levels in the Air They Breathe—Study," *Guardian*, February 28, 2017.

9. Evans, Jacobs, and Frager, "Adaptation to Air Pollution."

10. 同上。

11. Sharot Tali, *The Optimism Bias: A Tour of the Irrationally Positive Brain* (New York: Pantheon Books, 2012).

12. L. K. Globig, B. Blain, and T. Sharot, "Perceptions of Personal and Public Risk: Dissociable Effects on Behavior and Well-Being," *Journal of Risk and Uncertainty* 64 (2022): 213–34.

13. R. E. Dunlap, G. H. Gallup Jr., and A. M. Gallup, "Of Global Concern," *Environment Science and Policy for Sustainable Development* 35 (9) (1993): 7–39.

14. A. Levinson, "Happiness and Air Pollution," in *Handbook on Wellbeing, Happiness and*

the Environment, ed. David Maddison, Katrin Rehdanz, and Heinz Welsch (Cheltenham, UK: Edward Elgar, 2020), 164–82.

15. 同上。

16. L. Gunnarsen and P. O. Fanger, "Adaptation to Indoor Air Pollution," *Environment International* 18 (1) (1992): 43–54.

17. Alice Ingall, "Distracted People Can Be 'Smell Blind,'" University of Sussex, June 5, 2018, https://www.sussex.ac.uk/broadcast/read/45089.

18. Y. Shen, S. Dasgupta, and S. Navlakha, "Habituation as a Neural Algorithm for Online Odor Discrimination," *Proceedings of the National Academy of Sciences of the USA* 117 (22) (2020): 12402–10.

19. Friedrich Leopold Goltz, *Beiträge zur Lehre von den Functionen der Nervencentren des Frosches* (Berlin: August Hirschwald, 1869); and James Fallows, "Guest-Post Wisdom on Frogs," *Atlantic*, July 21, 2009, https://www.theatlantic.com/technology/archive/2009/07/guest-post-wisdom-on-frogs/21789/.

20. A. Heinzmann, "Ueber die Wirkung sehr allmäliger Aenderungen thermischer Reize auf die Empfindungsnerven," *Archiv für die gesamte Physiologie des Menschen und der Thiere* 6 (1872): 222–36, https://doi.org/10.1007/BF01612252; and Edward Wheeler Scripture, *The New Psychology* (New York: W. Scott Publishing, 1897), 300.

21. "Next Time, What Say We Boil a Consultant," *Fast Company*, October 31, 1995; and Whit Gibbons, "The Legend of the Boiling Frog Is Just a Legend," *Ecoviews*, December 23, 2007.

22. Paul Krugman, "Boiling the Frog," *New York Times*, July 13, 2009.

23. Adam Grant, *Think Again: The Power of Knowing What You Don't Know* (New York: Viking, 2021).

24. Fallows, "Guest-Post Wisdom on Frogs."

25. F. C. Moore et al., "Rapidly Declining Remarkability of Temperature Anomalies May Obscure Public Perception of Climate Change," *Proceedings of the National Academy of Sciences of the USA* 116 (11) (2019): 4905–10.

26. 同上，第 4909 页。

27. T. R. Davis, "Chamber Cold Acclimatization in Man," *Journal of Applied Physiology* 16 (6) (1961): 1011–15.

28. M. Brazaitis et al., "Time Course of Physiological and Psychological Responses in Humans during a 20-Day Severe-Cold-Acclimation Programme," *PLoS One* 9 (4) (2014): e94698.

29. Markham Heid, "How to Help Your Body Adjust to Colder Weather," *Time*, October 29, 2019, https://time.com/5712904/adjust-to-cold-weather/.

30. René Dubos, *So Human an Animal* (New York: Charles Scribner's Sons, 1968).

10 进步：
打破低预期值的枷锁

1. https://jessepaikin.com/2020/07/05/may-you-always-be-surprised/.
2. https://her-etiquette.com/beautiful-story-start-new-year-jorge-bucay/.
3. B. Stevenson and J. Wolfers, "The Paradox of Declining Female Happiness," *American Economic Journal: Economic Policy* 1 (2) (2009): 190–225.
4. 同上。
5. C. Tesch-Römer, A. Motel-Klingebiel, and M. J. Tomasik, "Gender Differences in Subjective Well-Being: Comparing Societies with Respect to Gender Equality," *Social Indicators Research* 85 (2) (2008): 329–49; S. Vieira Lima, "A Cross-Country Investigation of the Determinants of the Happiness Gender Gap," chapter 2 in "Essays on Economics and Happiness" (PhD diss., University of Milano-Bicocca, 2013); G. Meisenberg and M. A. Woodley, "Gender Differences in Subjective Well-Being and Their Relationships with Gender Equality," *Journal of Happiness Studies* 16 (6) (2015): 1539–55; and M. Zuckerman, C. Li, and J. A. Hall, "When Men and Women Differ in Self-Esteem and When They Don't: A Meta-Analysis," *Journal of Research in Personality* 64 (2016): 34–51.
6. https://www.pewresearch.org/social-trends/2023/04/13/in-a-growing-share-of-u-s-marriages-husbands-and-wives-earn-about-the-same/.
7. R. B. Rutledge et al., "A Computational and Neural Model of Momentary Subjective Well-Being," *Proceedings of the National Academy of Sciences of the USA* 111 (33) (2014): 12252–57.
8. C. Graham, "Why Societies Stay Stuck in Bad Equilibrium: Insights from Happiness Studies amidst Prosperity and Adversity," IZA Conference on Frontiers in Labor Economics: The Economics of Well-Being and Happiness, Washington, DC, 2009.
9. Jon Elster, *America before 1787: The Unraveling of a Colonial Regime* (Princeton, NJ: Princeton University Press, 2023).
10. Amartya Sen, *Commodities and Capabilities* (Amsterdam: North-Holland, 1985), 7.
11. Graham, "Why Societies Stay Stuck in Bad Equilibrium."
12. 同上。
13. 同上。
14. John F. Helliwell et al., *World Happiness Report 2021*, https://worldhappiness.report/ed/2021/.
15. Elster, *America before 1787*, 45.
16. Graham, "Why Societies Stay Stuck in Bad Equilibrium."
17. Tesch-Römer, Motel-Klingebiel, and Tomasik, "Gender Differences in Subjective Well-Being," and Vieira Lima, "A Cross-Country Investigation of the Determinants of the Happiness Gender Gap."
18. George Orwell, *1984* (Oxford: Oxford University Press, 2021), 208.

11 歧视：
"温文尔雅的犹太人"与穿迷你裙的科学家

1. John Howard Griffin, *Black Like Me: The Definitive Griffin Estate Edition, Corrected from Original Manuscripts* (Chicago: Wings Press, 2004), 210.
2. Peter Holley, "'Super Racist' Pool Safety Poster Prompts Red Cross Apology," *Washington Post*, June 27, 2016, https://www.washingtonpost.com/news/morning-mix/wp/2016/06/27/super-racist-pool-safety-poster-prompts-red-cross-apology/.
3. 同上。
4. William J. Weatherby and Colin Welland, *Chariots of Fire* (New York: Dell/Quicksilver, 1982), 31.
5. Griffin, *Black Like Me*, 192.
6. 同上书，第49页。
7. 同上书，第64页。
8. April Dembosky, "Can Virtual Reality Be Used to Combat Racial Bias in Health Care?," KQED, 2021, https://www.kqed.org/news/11898973/can-virtual-reality-help-combat-racial-bias-in-health-care.
9. T. C. Peck et al., "Putting Yourself in the Skin of a Black Avatar Reduces Implicit Racial Bias," *Consciousness and Cognition* 22 (3) (2013): 779–87.
10. Catharine A. MacKinnon, *Sexual Harassment of Working Women: A Case of Sex Discrimination* (New Haven, CT: Yale University Press, 1979).
11. *Meritor Savings Bank v. Vincent*, 477 U.S. 57, 64 (1986) (internal editing symbols omitted).
12. Betty Friedan, *The Feminine Mystique* (New York: W. W. Norton, 2010).
13. Solomon Northup, *Twelve Years a Slave* (Baton Rouge: Louisiana State University Press, 1968).
14. K. Nave et al., "Wilding the Predictive Brain," *Wiley Interdisciplinary Reviews: Cognitive Science* 11 (6) (2020): e1542.
15. X. Ferrer et al., "Bias and Discrimination in AI: A Cross-Disciplinary Perspective," *IEEE Technology and Society Magazine* 40 (2) (2021): 72–80; and K. Miller, "A Matter of Perspective: Discrimination, Bias, and Inequality in AI," in *Legal Regulations, Implications, and Issues Surrounding Digital Data*, ed. Margaret Jackson and Marita Shelly (Hershey, PA: IGI Global, 2020), 182–202.
16. T. Telford, "Apple Card Algorithm Sparks Gender Bias Allegations against Goldman Sachs," *Washington Post*, November 11, 2019, https://www.washingtonpost.com/business/2019/11/11/apple-card-algorithm-sparks-gender-bias-allegations-against-goldman-sachs/.
17. M. Glickman and T. Sharot, "Biased AI Produce Biased Humans," PsyArXiv, 2023.

12 暴政：
毁灭性过程的渐进本质

1. Milton Mayer, *They Thought They Were Free* (Chicago: University of Chicago Press, 1955), 168. 本书下面的正文中还有几处引用了这本书，下面的注释中给出了相应的页码。
2. Sebastian Haffner, *Defying Hitler* (New York: Macmillan, 2000). 本书下面的正文中还有几处引用了这本书，下面的注释中给出了相应的页码。
3. 同上书，第142页。
4. 同上。
5. Mayer, *They Thought They Were Free*, viii.
6. 同上书，第93页。
7. Timur Kuran, *Public Truths, Private Lies* (Cambridge, MA: Harvard University Press, 1997), 3.
8. Mayer, *They Thought They Were Free*, 168.
9. Haffner, *Defying Hitler*, 111.
10. 同上书，第150页。
11. 同上书，第156页。
12. Mayer, *They Thought They Were Free*, 169–70.
13. Haffner, *Defying Hitler*, 85.
14. Stanley Milgram, *Obedience to Authority* (New York: Harper Perennial, 2009).
15. 同上。
16. S. Milgram, "Behavioral Study of Obedience," *Journal of Abnormal and Social Psychology* 67 (4) (1963): 371–78.
17. J. M. Burger, "Replicating Milgram: Would People Still Obey Today?," *American Psychologist* 64 (1) (2009): 1.

13 法律：
如何给痛苦定价？

1. P. A. Ubel and G. Loewenstein, "Pain and Suffering Awards: They Shouldn't Be (Just) about Pain and Suffering," *Journal of Legal Studies* 37 (S2) (2008): S195–S216.
2. Daniel Kahneman, *Thinking, Fast and Slow* (New York: Farrar, Straus and Giroux, 2011), 402.
3. D. A. Schkade and D. Kahneman, "Does Living in California Make People Happy? A Focusing Illusion in Judgments of Life Satisfaction," *Psychological Science* 9 (5) (1998): 340–46.
4. *Dauria v. City of New York*, 577 N.Y.S. 2d 64 (N.Y. App. Div. 1991); *Coleman v. Deno*, 832 So. 2d 1016 (La. Ct. App. 2002); *Squibb v. Century Group*, 824 So. 2d 361 (La. Ct. App. 2002); *Thornton v. Amtrak*, 802 So. 2d 816 (La. Ct. App. 2001); and *Keefe v. E & D Specialty*

Stands, Inc., 708 N.Y.S. 2d 214 (N.Y. App. Div. 2000).

5. *Keefe*, 708 N.Y.S. 2d.

6. *Thornton*, 802 So. 2d; see also *Levy v. Bayou Indus. Maint. Servs.*, 855 So. 2d 968 (La. Ct. App. 2003)（判给因脑震荡后综合征而丧失生活乐趣的人5万美元的赔偿）。

7. *Hatcher v. Ramada Plaza Hotel & Conf. Ctr.*, No. CV010807378S, 2003 WL 430506 (Conn. Super. Ct. Jan. 29, 2003).

8. *Frankel v. Todd*, 260 F. Supp. 772 (E.D. Pa. 1966).

9. *Russo v. Jordan*, No. 27,683 CVN 1998, 2001 WL 914107 (N.Y. Civ. Ct. June 4, 2001).

10. 阿马蒂亚·森和玛莎·努斯鲍姆在许多论著中探索了能力的核心地位。例如，请参阅：Sen, *Commodities and Capabilities*; and Martha Nussbaum, *Creating Capabilities: The Human Development Approach* (Cambridge, MA: Harvard University Press, 2011)。虽然我们在本书使用的"能力"概念，与森和努斯鲍姆的"能力"概念并不完全相同，但是它们属于同一个更一般的概念族，即关注的是功能意义上的能力，而不是主观的心理状态。

11. Ubel and Loewenstein, "Pain and Suffering Awards: They Shouldn't Be (Just) about Pain and Suffering."

12. G. Loewenstein and P. A. Ubel, "Hedonic Adaptation and the Role of Decision and Experience Utility in Public Policy," *Journal of Public Economics* 92 (8–9) (2008): 1795–1810.

13. 同上，第1799页。

14. *Matos v. Clarendon Nat. Ins. Co.*, 808 So. 2d 841 (La. Ct. App. 2002).

15. *Daugherty v. Erie R.R. Co.*, 169 A. 2d 549 (Pa. Sup. Ct. 1961).

16. *Nemmers v. United States*, 681 F. Supp. 567 (C.D. Ill. 1988).

17. *Varnell v. Louisiana Tech University*, 709 So. 2d 890, 896 (La. Ct. App.1998).

14 屡见屡鲜：
去习惯化的未来

1. J. S. Mill, *On Liberty* (London: John W. Parker & Son, 1859), 101.

2. Marco Polo, *The Travels of Marco Polo: The Venetian* (London: J. M. Dent, 1921).

3. John Stuart Mill, *Principles of Political Economy with Some of Their Applications to Social Philosophy*, Volume II (New York: D. Appleton & Company, 1909), 135.

4. Mill, *On Liberty*.

5. H. G. Wells and J. Roberts, *The Island of Dr. Moreau* (Project Gutenberg, 2009), 136.

6. D. E. Levari et al., "Prevalence-Induced Concept Change in Human Judgment," *Science* 360 (6396) (2018): 1465–67.

7. 同上。

8. Rustichello da Pisa, *The Travels of Marco Polo* (Genoa, n.d., ca. 1300).

译后记

神经科学教授塔利·沙罗特和法学教授、行为经济学家卡斯·R.桑斯坦合著的《屡见屡鲜》是一本特别能吸引人的书，我在翻译的时候几乎不愿意停下来，尽管这样做可能在一定程度上违背了作者们在书中提出的建议。

本书将神经科学、行为经济学研究结合起来，分析了如何利用习惯化和去习惯化的力量，打破我们乏味的日常成规，重置我们的大脑和心智，摆脱重复和谎言，通过改变和创新，过上更加快乐、更加充实的生活。

两位作者强调，要想去习惯化，要想实现颠覆，要想再一次看到、感受到和注意到，就必须做出改变，成为一个"去习惯化先驱"。只有这样，才能重新获得敏感性和创造力，更清楚地识别坏的东西，更深刻地感受好的东西，从而更好地学习、体验和创新。

塔利和卡斯在书中提出的警告，在今天的中国也许特别有现实意义。习惯化，不仅会让我们不再注意到自己生活中最美妙的东西，而且会让我们不再注意到那些可怕的东西。习惯化，不仅会让我们适应肮脏的空气，还会让我们适应不当行为、愚蠢、谎言和恶行，甚至会让我们逐渐接受威权压迫，变得对不平等视而不见，并且比以往任何时候都更容易相信错误信息。

本书不仅非常容易阅读和吸收，而且提供了"行动路径"。特别是，它告诉读者，仅仅是在想象中做出改变，就能带来很好的效果。

我要感谢中信出版社的信任，使我有机会翻译本书。我曾经翻译过卡斯·R.桑斯坦的《有限理性》（*Bounded Rationality*），这次再一次翻译他的著作，让我在感到亲切之余，也更加佩服他的睿智和高产。

能够完成本书的翻译，我最感谢的是我的太太傅瑞蓉，感谢她为我和我们的家庭的付出。感谢小儿贾岚晴，他有可能是一个"去习惯化先驱"，也在通过他的成长帮助我去习惯化。

贾拥民

写于杭州嵩谷阁